CW00551386

RECUPERARSE DEL ABUSO NARCISISTA

(EN ESPAÑOL/SPANISH VERSION)

Cómo Sanar de Relaciones Tóxicas y Abuso Emocional

PRISCILLA POSEY

© **Copyright 2019 por Priscilla Posey - Todos los derechos reservados.**

El contenido de este libro no debería ser reproducido, duplicado o transmitido sin el permiso escrito directo del autor o el editor.

Bajo ninguna circunstancia se culpará o responsabilizará legalmente al editor, o al autor, por los daños, reparaciones, o pérdidas monetarias debidas a la información contenida en este libro.

Aviso Legal:
Este libro está protegido por derechos de autor. Este libro es sólo para uso personal. No se puede enmendar, distribuir, vender, usar, citar o parafrasear ninguna parte o el contenido de este libro, sin el consentimiento del autor o el editor.

Aviso de exención de responsabilidad:
Tenga en cuenta que la información contenida en este documento es sólo para fines educativos y de entretenimiento. Se han realizado todos los esfuerzos para presentar información precisa, actualizada y confiable. Ninguna garantía de ningún tipo está declarada o implícita. Los lectores reconocen que el autor no participa en la prestación de asesoramiento legal, financiero, médico o profesional. El contenido de este libro ha sido derivado de varias fuentes. Consulte un profesional con licencia antes de intentar cualquier técnica descrita en este libro.

Leyendo este documento, está de acuerdo que bajo ninguna circunstancia el autor es responsable por alguna pérdida, directa o indirecta, que pueda incurrir como resultado del uso de la información contenida en este documento, incluyendo, pero no limitada a errores, omisiones o inexactitudes.

Tabla de Contenido

PREFACIO

Bienvenido al comienzo de *Recuperarse del Abuso Narcisista: Cómo Sanar de Relaciones Tóxicas*. En este libro descubrirás lo que es un narcisista, pero especialmente enfocado en las formas en las que puedes sanar de estar involucrado con un narcisista. Este libro sólo se centra en los tantos beneficios que obtendrás cuando decidas empezar a superar una relación narcisista. Es extremadamente positivo que leas este libro porque aprenderás muchas técnicas que tal vez aún no has intentado. Es una guía literal paso a paso acerca de cómo continuar con tu vida. El objetivo o sensación que debes alcanzar una vez hayas completado el libro (ejercicios y lectura) es sentirte realizado y exitoso. Te sentirás potencialmente empoderado y bajo control por primera vez. Las cosas que empezarás a experimentar al leer podrían ser latentemente transformadoras. Si pierdes esta oportunidad, lo lamentarás profundamente. Digamos que decides cerrar este libro y no comprarlo. Te diriges a casa pensando en tu relación; darás vueltas y vueltas sobre lo que pasó y por qué. Quedarás atrapado en un bucle de sobrecarga y, luego, sentirás el impulso de llamar a tu ex. Pero detente, si compras este libro ahora mismo, puedes al fin escapar de dicha trampa mental, aprender a controlar esos impulsos y entender por qué esto sucede.

¿Tienes miedo de terminar en otra relación abusiva? ¿Eres la persona que quieres ser ahora mismo? ¿Puedes decir honestamente que vives la vida que siempre has querido vivir? No vivas con temor por más tiempo; no te sientas impotente bajo el control de los demás; no te permitas ser la víctima. Es tiempo de que te levantes y hagas un verdadero cambio por ti. Porque eso es lo que más importa. **TÚ**. Tu orgullo, tu autoestima, tu dignidad, tu mente, tu cuerpo, tu amor, tus decisiones, tus límites, tu recuperación. Si tu día a día es tan devastador como cuando terminaste la relación hace meses, semanas o incluso días, entonces este libro es la elección correcta para ti. Empezarás a salir de este caparazón en el que estás para sumergirte en la mente del narcisista y aprender cómo defenderte. Cómo ganar tu control y ser lo suficientemente fuerte para alejarte, pero para bien esta vez. Juntos, podemos enfocarnos en amarte a ti mismo y entender lo que significa ser poderoso.

Si tienes problemas de autoestima, debido al abuso, te prometo que, al finalizar este libro, estarás agradecido por todo lo que aprendiste. ¡Usarás los métodos implementados en este libro para ayudarte a empezar ya mismo! Este libro estará junto a ti cada día de tu vida y es lo más inteligente, quizás la mejor decisión que puedes tomar por ti en este preciso momento. ¿Quieres salir del desánimo de sentirte tan poco valioso? ¿Tienes idea de cuánto tiempo te tomará superarlo? ¿Desearías literalmente chasquear los dedos y que tu trauma desaparezca? ¿Has anhelado que los recuerdos traumáticos desaparezcan? ¿Quieres tener una buena próxima relación? Entonces, este libro te ayudará a que te sientas inspirado y motivado a ser mejor. Te enseñará técnicas para dejar ir el trauma y encontrar tu paz y prosperidad interior. Te proporcionará la paz mental que has estado buscando. Sobre todo, te dará la fortaleza para darte cuenta que eres el único que tiene el control.

Así que, si quieres recuperar el control, si quieres sentirte inspirado, si quieres aprender cómo amarte verdaderamente, y reabrir tu corazón a los demás... Compra este libro y ama cada momento de tus propias oportunidades. Recuerda, si quieres cambiar, no esperes simplemente que algo suceda, decide cambiar por ti. El siguiente paso es leer el libro.

¡Buena Suerte!

Como Muestra
de Mi Gratitud....

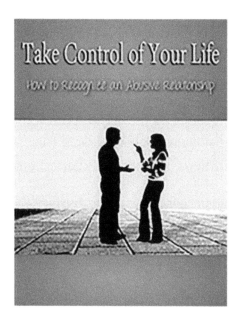

Me gustaría ofrecerte este maravilloso recurso por el que mis clientes pagan. Es un artículo que escribí cuando recién empezaba mi trayecto.

Haz clic en la imagen superior o navega al sitio web debajo para unirte a mi exclusiva lista de correos electrónicos. Luego de unirte, podrás recibir este increíble artículo sobre cómo reconocer una relación abusiva.

Si le preguntas a la mayor cantidad posible de personas lo que es una relación abusiva, lo más probable es que obtengas una descripción de abuso físico. Y sí, esa es ciertamente una relación abusiva. Sin embargo, el abuso llega de muchas maneras. El significado real de abuso es cuando alguien ejerce control sobre otra persona.

Averigua más sobre cómo reconocer una relación abusiva y aprende cómo tomar el control de tu vida haciendo clic al libro de arriba o dirigiéndote al siguiente link:

https://tinyurl.com/RecognizeAbusiveRelationship

CAPÍTULO 1

¿Qué es el Trastorno Narcisista de la Personalidad?

Junto a las tantas personalidades y características de los individuos en el mundo, también existen personalidades peligrosas y oscuras. Una de estas personalidades oscuras que necesitas identificar es el narcisismo. A decir verdad, todos poseemos características narcisistas y podríamos preguntarnos de vez en cuando si podríamos ser narcisistas; no obstante, la mayoría del tiempo más bien estamos atrapados en una relación narcisista. Podría ser con nuestros padres, parejas, compañeros de trabajo, empleados e incluso hijos. Si te has preguntado (en especial recientemente) si tienes características narcisistas o podrías ser uno, entonces, de hecho, podrías estar involucrado con este tipo de persona esta es su trampa para hacerte sentir que tú eres el problema.

Entonces, ¿qué es exactamente un narcisista? Es un desorden de la personalidad (TNP), donde el individuo espera atención constante, se pone celoso si no le das lo que necesita o quiere, se siente superior a todos los demás y lo le gusta aceptar las críticas. Pese a ello, sí que le gusta hablar pestes, señalando tus defectos y todo lo que pueda estar mal contigo, mientras que ellos no pueden equivocarse. No tienen empatía y son los más egoístas y egocéntricos. Lo que puede confundir sobre los narcisistas o tener características narcisistas es que alguien que sufre de este desorden de la personalidad tan oscuro, usualmente no siente, piensa, o cree que es narcisista. Esto se debe a que nunca se ven a sí mismos equivocándose, y todo es culpa de alguien más. Odian hacerse responsables, o preferiblemente, no se responsabilizan por sus acciones porque se perciben a sí mismos como admirables. Aunque puedan ser encantadores, manifiestan patrones de comportamiento arrogantes, extrema necesidad por ser reconocidos, actitudes egocéntricas. Pueden parecer engreídos, o exigentes, seductores, o misteriosos. Todos, en ciertos momentos de sus vidas, serán egocéntricos, exigentes, encantadores, etc. sin embargo, si notas que esto forma parte de cada aspecto de sus vidas (como el trabajo, la familia, y relaciones cercanas) puede que estés involucrado con un narcisista. Entonces, ¿qué podría causar que alguien encaje en la descripción de TNP? No se sabe, como la mayoría de los desórdenes. No obstante, algunas teorías indican que podría deberse a la genética, crianza e indiferencias psicológicas (desequilibro químico).

- Algunos factores de riesgo de desarrollo temprano incluyen:

- Paternidad "demasiado estricta".

- Falta de simpatía durante la niñez.

- Elogios excesivos - pasado consentido.

- Horarios impredecibles, con cuidados negligentes.

- Sentimiento de abandono durante la infancia.

- Constante crítica. El niño siente que nunca puede hacer nada bien.

- Abuso

- Trauma o trauma repetido

- Desarrollo de una inmensa sensibilidad por cosas pequeñas.

Entonces, ¿cómo sabes si estás bajo la influencia de este tipo de personaje? Los narcisistas tienen baja autoestima y problemas internos con los que luchan diariamente. A pesar de que no lo demuestran, o puede no lo sepan, retratan sus actitudes y culpan a alguien más como una forma de lidiar con sus demonios internos. Siendo así, el abuso narcisista es común y no es tu culpa. Es como un matón en la secundaria - te eligen porque se sienten superiores, y no han aprendido cómo gestionar sus problemas, por lo que señalan tus defectos para hacerse sentir mejor a sí mismos. Aunque este fue un ejemplo de secundaria, algunas personas nunca crecen después de esta etapa, y las cosas sólo se tornan más feas y peores conforme se hacen mayores.

El abuso narcisista está relacionado a cualquier tipo de abuso que provenga de un narcisista. Puede ser padre-hijo, hijo-padre y relaciones entre adultos. El abuso narcisista parental es cuando el padre espera demasiado de su hijo, siempre pidiéndole que renuncie debido a sus propias necesidades y nunca dándole crédito al niño por lo que en realidad hace. Por otra parte, el abuso narcisista parental puede relacionarse a elogios excesivos por todo lo que hacen, no implementando suficiente o el tipo correcto de disciplina. Esto puede conducir a horarios impredecibles y comportamiento negligente, lo que luego puede llevar a otros problemas - tornándose el niño en un narcisista. El abuso narcisista entre adultos será discutido a lo largo de este libro y allí se indicarán formas en las que lidiar con un narcisista.

Aunque un narcisista pueda parecer intelectual (por su propio beneficio), manipulador y a veces escalofriante, esconde algo debajo de toda esa fachada. Quienes sufren de TNP tienen problemas de confianza y son muy sensibles ante la crítica, lo que les lleva a mostrarse vulnerables en casi cada situación. Se podría decir que la razón por la que se tornan manipuladores o engañosos es para lidiar con esos sentimientos internos de negatividad. Sin embargo, las cosas que los narcisistas hacen, dicen, o hacen al mundo no están bien y deben ser identificadas. Aunque existen diferentes tipos de personalidades narcisistas, todas tienen algunas cosas en común.

Algunas de las características son:

- Excesivamente egocéntricos. Se sienten superiores a los demás, como si fuesen mejores.

- Requieren una admiración exagerada y les gusta ser autoritarios con otros.

- Tienen altas expectativas por ser reconocidos o apreciados debido a todo lo que hacen o dejan de hacer.

- Exageración de sus talentos y éxitos para hacerse ver bien.

- Fantasean frecuentemente con la relación, éxito, poder, inteligencia perfecta y, cuando fallan en ciertos intentos para conseguirlo, se vuelven violetos o enfadados.

- Comportamientos manipuladores para obtener lo que quieren sólo en busca de su propio beneficio

- Falta de empatía

- Menosprecian a aquellos que perciben como menos o insuficientes.

- Mantienen expectativas demasiado altas de otras personas.

- Incapaces de asumir responsabilidad o inculparse por algo.

- Pueden parecer arrogantes, jactanciosos o engreídos

Los síntomas y características del narcisista pueden variar dependiendo del tipo con el que estés lidiando o estés siendo abusado. No obstante, en la mayoría de casos, los narcisistas criticados o que se sienten juzgados por los demás podrían enojarse cuando no obtienen el resultado esperado. Pueden reaccionar con ira frente a ciertas circunstancias debido a su incapacidad para manejar o controlar sus emociones y comportamientos. Casi todos los narcisistas tienen conflictos con el cambio o al adaptarse a nuevas situaciones, por lo que se vuelven temperamentales o deprimidos si algo está "fuera de lugar". Es muy parecido a un comportamiento perfeccionista, pero muy al extremo, mostrando estas señales en todo lo que hacen y con todas las personas a su alrededor. Un narcisista también es muy hábil para aislar a su víctima - amante, hijos, amigos, etc. mediante manipulación y tácticas de control.

Tipos de Narcisistas

Sí, existe diferentes tipos de narcisismo - así como cada personalidad es diferente, cada narcisista tiene su propia manera de manipular, controlar y abusarte. La importancia de saber si estás lidiando con narcisistas puede beneficiarte inmensamente para escapar de su poder, control y asimiento sobre ti. Casi siempre, cuando se está involucrado con un narcisista, eres manipulado, lo cual es abusivo. Aunque tu pareja, amigo, colega, jefe, etc. pueda no saber que es abusivo, si muestra alguna de las señales previas, estás atrapado en una situación abusiva. Es por ello que defenderte es la única forma de escapar. El primer paso es detectar con qué tipo de narcisista estás lidiando. Cuando te recuperes del abuso, estarás siempre agradecido de tener esta información, ya que podrás entender y evitar caer en la misma trampa.

Si sientes que tienes una relación con alguien que sufre de TNP, entonces estos síntomas te sonarán familiares:

- No son recíprocos en la atención que les das.

- No se siente como una relación 50/50

- Te sientes desanimado y luego extremadamente animado durante toda tu relación sentimental.

- Pueden demandar más de lo que les puedes dar.

- Cuando no estás de acuerdo, te atacan y te menosprecian.

- Manipulan todas las discusiones para hacer parecer que no han hecho nada mal.

- Se disculpan demasiado y luego vuelven a incurrir en el daño.

- Gastan tu dinero como quieren, pero se molestan si haces lo mismo.

- Te quitan toda la atención y podrían humillarte públicamente.

¿Te suena familiar? Estás siento abusado por un narcisista. También existe el abuso narcisista en la oficina.

¿Alguno de tus colegas, o jefes, te intimida como si estuvieras de vuelta en la secundaria? ¿Temes ir a trabajar por tener que lidiar con esa persona? Bueno, aquí van algunas señales reveladoras que podrían indicar que estás siendo abusado por un narcisista en la oficina.

- Tratan de impresionar a las personas mediante la charlatanería, en lugar de centrarse en su trabajo.

- Hacen promesas que no pueden cumplir.

- A menudo se llevan el crédito por tu trabajo o el de alguien más porque se sienten celosos.

- Podrían criticarte o humillarte verbalmente cuando estás solo o en frente de las personas

- Podrían amenazarte cuando estás solo.

- Hablan negativamente a espaldas de las personas, pero las adulan cuando están frente a ellas (hipócritas).

- Actúan con aires de superioridad, incluso estando por debajo.

En una relación, es importante saber que tú no puedes cambiar a tu pareja, y que tú no puedes cambiar lo suficiente por tu pareja. No importa lo que hagas, es como si sus comportamientos o problemas se repitieran por sí solos. Así que tanto como intentes complacerle, pidiendo lo que entregas a cambio, los altos en su relación serán una ilusión, en comparación con los bajos derivados de su personalidad.

El Método PEC

Antes de adentrarnos en la identificación del narcisista con el que estás lidiando, es importante entender el método PEC para detectarlo. El método PEC consiste en un proceso de tres pasos; *sus palabras, tus emociones y su comportamiento*

Sus **Palabras:** Sus palabras pueden ser de exagerado positivismo o palabras excesivamente negativas y despectivas. No existirá término medio.

Palabras positivas y negativas: Consiste en decir cosas extremadamente negativas a las personas o a ti y un positivismo exagerado hacia ti u otras personas. Palabras **extremadamente positivas** incluyen tonos seductores o actitudes encantadoras. Algunos ejemplos son:

"Eres increíble; jamás he conocido a alguien como tú."
"Eres el mejor; me aseguraré que obtengas sólo lo mejor."
"Dios te bendiga porque mereces el mundo."

Observa cómo todas sus palabras positivas son comparativas. Este positivismo puede volverse **negativo** rápidamente si posteriormente haces algo que les moleste porque pueden ágilmente transformarlo y usarlo para retractarse. Lo que, entonces, **pueden cambiar por** cosas como:

"Esta persona que conozco es bastante tonta, permíteme decirte por qué."

"Me rechazaron en mi trabajo por mis ideas; esas personas no sabrían lo que es la inteligencia incluso teniéndola en frente."

"Voy a encontrar la manera de hacer que la despidan; no puedo esperar por ver la cara de la gente cuando suceda."

Cuando hablen mal de las personas o de ti, presta atención a la intención detrás de sus palabras. Usualmente, muestran señales de sentir emoción por ello.

Falta de empatía: Como narcisistas no se sienten interesados en simpatizar con las personas, no tienen empatía alguna. Por ejemplo, si explicas algo que realmente te molesta, como lo que sientes por alguien o ser rechazado, podrían descartar tus sentimientos de inmediato. En su lugar, instantáneamente tratarán de cambiar la temática para hablar sobre sí mismos, actuando como si lo que dijiste no tuvo efecto alguno sobre ellos y tus sentimientos son completamente ignorados.

Victimización: Los narcisistas no reconocen cuando se equivocan y no sienten nada cuando te lastiman, así como que no se hacen responsables de sus palabras (y acciones) porque se sienten superiores. Sin embargo, un narcisista puede sentirse lastimado cuando alguien golpea su ego una o dos veces; como cuando no se sienten tan superiores. Dichas heridas pueden incluir sentirse rechazado, que las cosas no resulten como fueron planeadas, o a su manera, y cuando se rechazan o ignoran sus necesidades o deseos. Esto puede empujarlos a tornarse manipuladores y a esforzarse por retomar el poder. Se vuelven obsesionados con destruir a la persona que los hirió o los "lastimó".

Tus **Emociones:** Tus emociones usualmente involucran una vibra o sentimiento producto de estar cerca de esa persona. A esto se le llama instinto y debe ser siempre escuchado.

Al inicio, pueden parecer demasiado geniales. Una de las primeras señales son sus acciones y lo que hacen. Pueden resultar encantadores y *hacerte sentir* en el séptimo cielo o extremadamente amado y podrían regodearte con halagos y cumplidos. Las personas que te elogian excesivamente o te hacen sentir eufórico nunca suelen ser lo que parecen. Antes que te involucres con ellas, asegúrate que su encanto no tenga una intención diferente. ¿Te eligieron para ser su víctima? ¿O sólo son naturalmente encantadores? Conócelos mejor antes de involucrarte.

¿A veces (o todo el tiempo) te sientes menos cuando estás cerca de ellos? Para un narcisista es natural construirse a sí mismo y presumir. A menudo, no se dan cuenta del impacto que tienen en ti, especialmente si roban tu foco o te derriban en su camino hacia el éxito. Eventualmente, con este trato constante, podrías preguntarte a ti mismo cosas como, "¿soy lo suficientemente bueno?" "¿Alguna vez lo seré?" "¿Qué piensan las personas sobre mí?" Estos pensamientos conducen a sentimientos negativos, los cuales, a su vez, conducen a más problemas como la depresión o la ansiedad.

¿Te estás asfixiando? Los narcisistas pueden tomar todo el aire de la habitación y dejarte tratando de atrapar tu propio aire (metafóricamente). Como su atención está centrada en sí mismos y en lo próximo que dirán, usualmente captan las miradas de toda la habitación. Necesitan ser el centro de atención. También puedes sentir que te sofocas debido a que te han aislado y reducido todas tus necesidades, ya que sienten que deben ser prioridad.

Su **Comportamiento:** Los narcisistas frecuentemente causan que las personas se sientan molestas, frustradas o que abandonen las conversaciones con ciertos sentimientos negativos. Cuando confrontes a un narcisista, presta atención a su comportamiento, enfocándote en lo que hace, en lugar de las palabras o frases que usa para encubrirse. Cuando le eches un vistazo a su vida, ¿cuántos amigos tiene? ¿Con cuántos se relaciona? ¿Cómo se comporta según los desconocidos? Más importantemente, ¿cómo tratan a las personas (y a ti) que deberían respetar? Cuando un narcisista es confrontado debido a sus actos o palabras, en lugar de hacerse responsable y reflexionar ante la crítica, se defiende diciendo cosas como, "Cómo eres capaz después de todo lo que he hecho por ti."

Prueba esta teoría diciéndole una de tus preocupaciones, mientras te mantienes alejado de por qué lo haría. Sólo entonces plantéale una solución y observa cómo reacciona. Si complace tu petición, es una buena señal, si, en cambio, la ignoran y continúa haciendo lo que le plazca sin escucharte y dejando a un lado tus preocupaciones - actúa.

Tanto si hay conflicto o no, sea un problema pequeño o imaginario (uno que crearon), los narcisistas siempre buscan inculpar. Si te culpan por algo que hicieron o por sus fracasos, se le llama proyección.

Por ejemplo, podrían decir, "No contesté el teléfono porque no me recordaste/ despiértame, y ahora será tu culpa si pierdo esta oportunidad." Entonces, sólo observa sus comportamientos y cualquier advertencia que pueda aparecer, identifícalos y elige tu reacción.

Narcisista Clásico

También conocido como el *narcisista grandioso,* son las personas en las que pensamos cuando oímos la palabra narcisista. Todo lo que hemos aprendido hasta ahora es lo que un narcisista clásico es y cómo luce. No obstante, otros narcisistas comparten similitudes, pero tienen diferencias distintivas. Un narcisista clásico normalmente proyecta la culpa en los demás mientras te quita el foco a ti o a alguien más. Se aburren más bien rápidamente y son los que más buscan atención. Mientras todos los narcisistas se sienten superiores, el narcisista clásico tiene el ego más grande.

Es necesario destacar que sólo porque sientes que alguien comparte las características de un narcisista, no significa que sufre el desorden en todo su esplendor. De acuerdo a la Asociación Estadounidense de Psicología, para ser diagnosticado con un trastorno narcisista de la personalidad, debes desarrollar inestabilidad en dos de las cuatro áreas psicológicas; cognitiva - pensamientos, afectiva - emocional, relaciones interpersonales - patrones de relación con otros y control de los impulsos.

Narcisista Maligno

Estos tipos de narcisistas son potencialmente el tipo más dañino que existe. Además de manifestar las características clásicas del narcisismo, podrían ser antisociales o introvertidos. Podrían desarrollar rasgos sádicos junto a la naturaleza no empática normal. Lo que significa que tienden aún más a torturar a las personas y a sus víctimas. Por otra parte, disfrutan hacerte crecer tanto como puedan, sólo para llevarte al lugar más oscuro que hayas podido imaginar. Los narcisistas malignos son tal vez los más avanzados en habilidades de manipulación y encuentran experiencia mientras se empoderan, tan pronto consigan lo que quieren, no importa a quien perjudiquen en el proceso. Si eres una víctima o te topas con un narcisista maligno, te sentirás afligido, emocional y en ocasiones físicamente frustrado y mentalmente exhausto.

Además de su obvia falta de empatía, necesidad de atención, sensibilidad a la crítica, encanto y egocentrismo. Veamos otras características que el narcisista maligno desarrolla y difiere de otros tipos:

1. **Sadismo** - Un sádico es alguien que causa dolor, sufrimiento y humillación a otros intencionalmente como método para hacerse a sí mismo feliz u orgulloso. La angustia que puede

causarte lo hace sentir empoderado y en control, lo que le hace aumentar su autoestima y felicidad. Podría comportarse de esta forma con personas y animales o miran videos y programas victimizadores para lograr su cometido.

2. **Manipulación Anticipada** Los narcisistas malignos son muy ágiles en tácticas de manipulación, porque las implementan y las practican diariamente. La mayoría de los manipuladores esperarían por una oportunidad, para luego atacar con sus métodos manipuladores. Sin embargo, un narcisista maligno no. Estos manipulan proactivamente todos los días, cuando sea creen que es la oportunidad. Estas tácticas de manipulación son las más peligrosas porque, si tú eres la víctima, al principio no te darás cuenta que estás siendo manipulado, y luego, eventualmente, estarás aislado y derribado a un lugar donde el perpetrador quiere que estés. Esto sucede gradualmente, y cuando te des cuenta y trates de inculparle, el narcisista continuará con su hábito y te dirá que tú fuiste el que tomó las decisiones. Este tipo de manipulación incluye planeación, cálculo y perfección, obtenida durante años de práctica por el narcisista.

3. **Anti-social** - La mayoría de los narcisistas son auto-saboteadores internos y, en este sentido, tendría sentido por qué desarrollarían comportamientos antisociales. Se destacan mintiendo, robando y tienen estados anímicos negativos la mayoría del tiempo. Hacen de perfectos estafadores debido a su manera de ganarse a las personas por su actitud encantadora y su aspecto atractivo.

4. **Paranoia** - Como quien sufre de ansiedad, un narcisista maligno siempre siente que todos buscan su sangre. Siempre alguien quiere atraparlo y, por ello, luce sospechoso y escéptico. Con esta barrera de confianza hacia los demás, usualmente se lastima y muestra señales de seguridad para ganar cierta sensación de poder. Nunca intentará acercarse lo suficiente a alguien como para que pueda desenmascararlo, lo que mejora sus tácticas de manipulación e incrementa su falta de empatía mientras lo hace. Los narcisistas malignos usualmente sienten que saben lo que alguien hace o piensa y debido a ello crean escenarios imaginarios en su mente, como una forma de causar conflicto contigo. Esto, sucesivamente, les empuja a buscar el control y

amenazar para que no hagas lo que haces en sus escenarios imaginarios o para que tal vez lo hagas y puedan atraparte. Mientras tanto, tú no haces nada.

5. **Envidia** - Los narcisistas malignos odian ver a los demás triunfar y que tengan cosas que ellos no, por lo que se vuelven envidiosos. Cuando ven a los demás por encima de ellos, tratan intencionalmente de sabotearles por sus propias razones egoístas.

Por ello, si alguien obtiene el ascenso que éste quería, el narcisista manipulará al jefe o a la persona para demostrar por qué ellos se ajustarían mejor. Puede incluso ir tan lejos como para tenderle una trampa, hacerle lucir mal y luego estar allí cuando la persona fracase para que el jefe lo perciba como el más apropiado.

Con sus rasgos encantadores y sus actitudes egotistas, junto a sus tácticas de manipulación y su naturaleza de falta de responsabilidad, los narcisistas malignos son definitivamente los que más preocupación deben generar. Cuando se sienten molestados, dan dos pasos por delante de ti para devolver el favor o lograr su objetivo. El cual es usualmente atormentar, estresar y dejarte sintiendo indigno.

Narcisista Vulnerable

También conocido como narcisista introvertido encubierto. La mayor diferencia entre este narcisista y los otros es que se mantienen fuera de foco y se guardan para sí mismos la mayoría del tiempo. En su lugar, se apegan a otra persona (un huésped) y lo usan a su antojo para obtener lo que desean. Pueden mostrar señales de excesiva generosidad para sentir a cambio atención y admiración. Sin embargo, si no consiguen la atención que quieren y necesitan, podrían tomar otras medidas para succionarlo de su huésped o víctima.

Además de las otras características del narcisista, aquí verás cómo identificar un narcisista encubierto:

1. **Una actitud arrogante o dominante** – A un narcisista encubierto le gusta observar a su audiencia, incluyendo sus comportamientos y su lenguaje corporal. Cuando observa el comportamiento de los demás, juzga en silencio y se le ocurren maneras sobre cómo y cuándo atacar o manipular. Cuando hablas, escucha, pero no presta atención, en realidad, prefiere concentrarse en sus propios pensamientos. Su comportamiento negativo proviene de su lenguaje corporal el cual

muestra bostezos maleducados, risas bajas, virones de ojos y obvias señales de aburrimiento.

2. **Pasivo Agresivo** - La mayoría de los narcisistas introvertidos te insultarán, pero lo harán sonar como un cumplido. También mostrarán señales de escucha activa y luego responderán con "lo que quieras que haga," y harán lo opuesto o lo ignorarán por completo. Cuando los enfrentes, podrían excusarse diciendo que lo prefieren a su manera o acusarte de que se te ha ocurrido una solución tonta.

3. **Usualmente se sienten victimizados** - Cuando enfrentas a un narcisista encubierto o le das tu opinión acerca de lo que crees que es mejor para él, no lo toma como un consejo; más bien se siente victimizado. Siente que las personas no le dan consejos positivos sino ideas para prepararse para el desastre. Con esta actitud extremadamente sensible, te ignorará usando actitudes petulantes y, en su lugar, trazará formas de manipularte para obtener lo que quiere. Luego, dirá que su comportamiento se debe a ti, como si le hiciste hacer lo que hizo.

Cuando estás lidiando con, abusado por o enfrentando a uno de estos narcisistas, necesitas escapar de su alcance. Si es un amante o alguien a quien amas, puede que te digas a ti mismo que cambiará o que si tratas esto o aquello, las cosas mejorarán. No obstante, cuando piensas así, en realidad te estás preparando para el fracaso y permitiendo que el abuso continúe. Debes establecer límites sanos y no caer en su trampa cuando las cosas estén muy bien y te haga sentir eufórico, porque no importa qué, te llevará a un nivel muy poco saludable. Busca ayuda, contacta un terapeuta y lee libros de auto-ayuda, como éste, para saber qué debes hacer luego. Continúa leyendo para más información sobre cómo escapar de esta relación poco sana y recuperarte después que te alejes.

Recuperarse Del Abuso Narcisista

CAPÍTULO 2

El Sorprendente Impacto del Abuso Narcisista en tu Cerebro y Reversión del Daño

El abuso narcisista es uno de los abusos más perjudiciales que existen porque te afecta Emocional y mentalmente. Puede presentarse en diferentes versiones de abuso físico, verbal y mental, así que mientras más rápido captes las señales e identifiques al narcisista, mejor estarás. Lo creas o no, este tipo de abuso psicológico conduce a cambios físicos del cerebro, de acuerdo a estudios recientes. Debido a que el narcisista no siente empatía por los sentimientos de las personas, no percibe las consecuencias que causa o el daño que genera. Está probado que debido al abuso narcisista a largo plazo parte de tu cerebro se encoge y cambia su forma. Esto conduce a problemas cognitivos y a desordenes de ánimo, como ansiedad, depresión o incluso bipolaridad.

Las dos partes del cerebro que cambian su forma o su silueta debido al abuso narcisista constante son el hipocampo y la amígdala. El hipocampo es la región del cerebro que se encarga de la memoria y el aprendizaje. La amígdala es la región del cerebro responsable de la formación y el desarrollo de pensamientos negativos y emociones como la culpa, la vergüenza, el miedo y la envidia. Con el tiempo, debido al abuso constante, prosigue la contracción del hipocampo y la inflamación de la amígdala.

El hipocampo

El hipocampo forma parte del sistema límbico del cerebro. El sistema límbico se encarga principalmente de procesar y desarrollar los sentimientos y responder mediante acciones o reacciones. El sistema límbico, a su vez, incluye a la amígdala y al hipotálamo. El hipotálamo trabaja junto a la amígdala y forma los sistemas nervioso y endocrino. Estos sistemas regulan, balancean y controlan las funciones corporales. Entonces si el hipocampo es estropeado o se quebranta, la amígdala podrías experimentar ideación suicida, ataques de pánico y escenas retrospectivas o pesadillas. Esto se sale de tu control cuando has experimentado tal abuso por tan largo período de tiempo. Sin embargo, puedes enmendarlo escapando de tu pesadilla actual, gestionando maneras de lidiar con el estrés y evitando que permitas este tipo de relación otra vez.

La memoria a corto plazo es el primer paso para aprender; sin ella, no aprenderíamos nada. El hipocampo almacena estos recuerdos a corto plazo, y luego los convierte en memoria a largo plazo o memoria "permanente". La Universidad de Stanford y la Universidad de Nueva Orleans llevaron a cabo un estudio, el cual encontró estrechas conexiones entre altos niveles de cortisol (una hormona del estrés) e hipocampos perjudicados o alterados. Esto significa que, mientras más alterado esté el hipocampo (contracción, inflamación, etc.), mayor posibilidad habrá de altos niveles de cortisol a través del sistema nervioso. Cuando se tienen altos niveles de cortisol bombeando a través de nosotros, podríamos sentir cosas como mareos, ataques de pánico, ánimo temperamental, pensar demasiado, preocupación, inquietud, etc. Básicamente, mientras más estrés tengas, más pequeño es tu hipotálamo, lo cual no es positivo.

El hipocampo es el núcleo de nuestros recuerdos. Tenemos dos tipos de recuerdos, los cuales incluyen recuerdos declarativos y recuerdos espaciales.

- Los recuerdos declarativos se relacionan a hechos o eventos. Un ejemplo podría ser las líneas de una obra o la letra de una canción.

- Los recuerdos espaciales son recuerdos más profundos que involucran caminos y rutas. Algunos dirían que nuestra memoria espacial es nuestra memoria fotográfica. Por ello, un ejemplo de esto sería que memorizaras cómo llegar desde un punto A de una ciudad que no conoces a un punto B.

Tal como se indicó previamente, el hipocampo convierte los recuerdos a corto plazo en recuerdos a largo plazo, es entonces cuando encuentra un lugar diferente en el cerebro para almacenar estos recuerdos a largo plazo. Lo que resulta interesante sobre el hipocampo, es que está siempre generando nuevas células nerviosas y continúa desarrollándose diariamente. Por ello, es lógico por qué el abuso prolongado podría frustrar o perjudicar el desarrollo junto al encogimiento.

La contracción del hipocampo se ha relacionado al estrés prolongado, o al abuso, lo que conduce al trauma, pudiendo manifestar síntomas de TEPT y, en ocasiones, esquizofrenia. Debido a que varios estudios recientes indican que el estrés es una de las causas principales de la contracción del hipocampo, es lógico por qué escapar del abuso narcisista es beneficioso para empezar a reducir el estrés revirtiendo los niveles de cortisol, los cuales podrías experimentar bajo tanta presión.

La amígdala

La amígdala es principalmente responsable por controlar nuestras intuitivas emociones centrales y funciones. Incluida la lujuria, miedo, odio, amor, junto al ritmo cardíaco, temperatura corporal, respiración niveles de azúcar y presiones sanguíneas. Cuando la amígdala está en alerta máxima, comprende síntomas físicos para el resto del cuerpo, por lo que toma lugar la respuesta de "lucha o huida". La respuesta de "lucha o huida es una reacción del cuerpo al enviar síntomas como estremecimiento, sudoración, fiebre, mareos, etc.

Estos síntomas pueden ser alarmantes, pero la mayoría del tiempo, son "falsas alarmas." Los narcisistas mantienen las amígdalas de sus víctimas en alerta máxima, haciendo difícil para sus víctimas manejar el estrés. Entonces, cuando el hipocampo se contrae, produce niveles excesivos de cortisol y la amígdala se ve amenazada, a la vez que envía la misma respuesta que el cortisol. Teniendo esto en mente, el hipocampo ha almacenado ahora recuerdos a corto plazo como recuerdos a largo plazo, los cuales fueron desencadenados por el abuso y resultan en TEPT. Cuando la amígdala se inflama, como resultado del abuso narcisista, cualquier cosa puede disparar esta respuesta de "lucha o huida". Por lo que, estás atrapado en un espiral descendente de pánico y miedo por las cosas más pequeñas, tales como olores, vistazos e incluso sentimientos. Esto se debe a que lo que vemos o experimentamos, nuestros cerebros intentan relacionarlo con lo que ha pasado - desde nuestros recuerdos - y si esos recuerdos son traumáticos, empujan a la amígdala a aplicar síntomas incómodos e incapacitantes.

En resumen, la amígdala es la causa por la que le tememos o amamos las cosas. Controla cómo reaccionamos o percibimos nuestro alrededor. Basada en nuestra experiencia a lo largo de la vida, la amígdala es nuestro control a cómo respondemos a los eventos que causan nuestras emociones. Si la amígdala se inflama, lo más probable es que reaccionemos frente a todo - o cosas pequeñas - con miedo y las percibamos como una amenaza.

De este modo, digamos que lograste escapar de la ira de un narcisista. Si mantuviste la relación (padre, esposo, jefe, etc....) por un largo período de tiempo, podrías haber desarrollado TEPT, miedo aumentado, fobias, ataques de pánico o depresión. Esto se debe a que el estrés que el narcisista ha causado, generó que tu amígdala se inflamara, por lo que la amígdala se ha acostumbrado a vivir más conscientemente percibiendo todo como amenazante. Mientras que, en la relación, la víctima (tú, por ejemplo) usará mecanismos de supervivencia, tales como estrategias de defensa para manipular la realidad. Ejemplo:

- **Proyección:** Podrías convencerte de que tu agresor tiene bondad dentro de sí y que, si intentas más o te "doblegas" más ante él, mejorará y te tratará mejor, pero sólo estás luchando. Con los narcisistas, ese es raramente el caso y todo lo que haces es excusarte para permanecer por más tiempo en la relación.

- **Compartimentación**: Puede que solo te estés enfocando en el lado positivo de la relación, ignorando completamente el abuso y lo negativo, para así continuar defendiendo al agresor. Cuando haces esto, sólo te estás diciendo a ti mismo que dicho comportamiento está bien, a la vez que entrenas a tu cerebro indicándole que esta forma de miedo aumentado y de vivir es normal. De ahí provienen los efectos duraderos del narcisista.

- **Negación**: Como sientes que es fácil vivir con el abuso, en lugar de confrontarlo o escapar de él, podrías crear excusas como, no es tan malo como parece o como se siente.

El proceso que tiene tu cerebro para crear nuevas vías neuronales proviene estrictamente del hipocampo. Todo lo que hacemos, aprendemos, sabemos, leemos y entendemos son las tareas de las que el hipocampo se encarga. Con un hipocampo contraído, se vuelve más difícil concentrarse, toma más tiempo entender y aprender, y debemos poner mucho más esfuerzo en hacer cosas que antes nos resultaban sencillas. Podríamos perder interés en las cosas que nos encantaban, parcialmente porque no tenemos el impulso, la motivación o la energía para hacerlo. Todo esto puede desprenderse el abuso narcisista.

El hipocampo se contrae debido al aumento en la producción de cortisol (la respuesta de la hormona del estrés). Luego el cortisol estimula la amígdala o la dispara, lo cual es la causa por la que que nuestros pensamientos se vuelven irritantes y ansiosos. Es por ello que es esencial aprender técnicas para reducir el estrés y prevenir que empeore - incluso si no estás asociado con un narcisista.

Reversión del Impacto | Prevención del Deterioro Al igual que la mayoría de los desórdenes, los desbalances químicos y los métodos terapéuticos, existe una cura o una "vía de escape". Claro que necesita esfuerzo y dedicación, pero cuando quieres algo lo suficiente, siempre podrás alcanzarlo. Técnicas como la Desensibilización y Reprocesamiento por Movimientos Oculares (DRMO) son beneficiosas para aprender a sobrellevar o superar el TEPT o los síntomas de trauma. DRMO tranquiliza la amígdala, lo que permite que tu cerebro reaccione y responda ante las situaciones de forma más racional y lógica.

Otros métodos incluyen aromaterapia con aceites esenciales, meditación y mindfulness, comportamientos altruistas y Técnica de Liberación Emocional (TLE). DRMO y TLE son explicadas a profundidad en el capítulo seis de este libro. Antes de comenzar a practicar estas técnicas y métodos de afrontamiento, primero necesitas escapar del abuso narcisista.

Por Qué Sientes Que No Puedes Dejar a un Narcisista

El abuso está en todas partes, y más frecuentemente de lo que parece, en la mayoría de las relaciones. En algunas ocasiones lo causamos a nuestros esposos/as, colegas, amigos o hijos, y puede que ni siquiera lo notemos. En otras, somos nosotros los abusados. Sin embargo, el abuso narcisista es el más perjudicial para el estado psicológico. A menudo, a las personas se les dificulta dejar una relación abusiva porque abandonarla sería transformador y los cambios son escalofriantes para la mayoría de las personas.

Estas son las razones más comunes por las que las personas no abandonan una relación abusiva, sea narcisista o no.

1. **La sociedad considera que es normal, por lo que una relación abusiva es difícil de entender**

o **aceptar** - Debido a que tantas personas son abusadas, nuestra sociedad, junto a los medios de comunicación, perciben el abuso como algo normal. Cuando la relación inicia, es normal sentir los picos eufóricos y los bajos no empiezan hasta mucho después. Pero cuando el abuso comienza, es común que no nos demos cuenta hasta que es demasiado tarde, y cuando lo hacemos, nos aterra el miedo a dejarle, por lo que no aceptamos la situación en la que estamos.

2. **La autoestima disminuye, así que comenzar de cero se vuelve más aterrador de lo normal.** - El abuso emocional y psicológico prolongado, como el abuso narcisista, cambia nuestros patrones de pensamiento tornando complicado que se construya la autoconfianza. Como no estás siendo físicamente abusado, puede que no percibas el abuso como tan malo. Sin embargo, el abuso mental, en la mayoría de casos, es incluso peor o igual al abuso físico. Una vez que tienes en tu cabeza que no vales nada, puede que llegues a creer que mereces esta vida y encuentras más fácil aferrarte a ella que dejarla.

3. **Los bucles abusivos suceden; después de cada incidente abusivo o pelea, llega la fase de reconciliación.** - Después de algún bajo real, el abusador se disculpará o hará cosas para compensar su mal comportamiento. Esto nos hace pensar que hay esperanza y que la relación puede perdurar. Por ello te dices a ti mismo que porque está arrepentido, no se merece ser abandonado. Luego se te ocurren más excusas, por lo que te aferras por aún más tiempo. Luego el abuso sucede de nuevo y los bajos de la relación son seguidos de altos eufóricos repitiendo otra vez el proceso.

4. **A veces es peligroso dejar la relación y la víctima podría estar más asustada de irse que de quedarse.** - Especialmente en relaciones de abuso físico, los hombres y las mujeres están más propensos a ser asesinados luego de un rompimiento, en comparación con el tiempo que se mantienen en ella. Un narcisista maligno tiene los mismos patrones de pensamiento que un asesino, por lo que la víctima se siente aterrada de dejarle y prefiere quedarse por su propia seguridad.

5. **La sociedad espera que las personas sobrevivan a una relación "sin importar el precio"** - La presión de tener una relación "perfecta" ocasiona que nos mantengamos sin importar qué. Puede que nos sintamos juzgados o menospreciados posterior a dejar a nuestro/a esposo/a. La lealtad es de extrema importancia para la sociedad, acompañada de una actitud de "estar con alguien hasta la muerte".

6. **Hacer luz de gas nos mantiene por más tiempo en la relación.** - Hacer luz de gas significa que el abusador te culpará o te hará responsable de las situaciones para hacer parecer que algo es tu culpa cuando, en realidad, no lo es. Cuando este comportamiento es constante, la víctima (tú), podría sentir la necesidad de quedarse, como si el comportamiento del agresor fuera su responsabilidad.

7. **"Las cosas cambiarán."** - ¿Cuántas veces te has dicho esto a ti mismo o, tal vez, a tus amigos? Tenemos la noción del momento en el que las cosas estuvieron bien, por lo que, con la actitud apropiada y el esfuerzo de ambos, las cosas pueden volver a ser como antes. Tal vez pienses

que tu pareja se está comportando de esta forma porque las cosas son difíciles o estresantes, y con las acciones correctas y tú tomando más responsabilidades, las cosas pueden volver a la normalidad. El hecho es que éstas son excusas e inventamos excusas porque estamos aterrados de dejarle. El comportamiento de un agresor no cambiará porque, enfrentémoslo, la vida es estresante y siempre existirán problemas. No es tu responsabilidad ni la de nadie cambiar a tu pareja o cambiar por tu pareja debido a la esperanza por que las cosas mejoren.

8. **Comparten sus vidas** - Esta podría ser la razón número uno por la que las personas se quedan. Se sienten a gusto, junto a una sensación de seguridad junto a su esposo/a. Tal vez contrajeron matrimonio, tuvieron hijos, compraron una casa, compartieron gastos, y eso es todo lo que conocen. Una vida sin esa persona podría parecer o sentirse potencialmente más miserable que la vida que se lleva ahora, por lo que continúan. La verdad de esta creencia es que, aunque compartes tu vida con esta persona, no tienes por qué terminar tu vida con ella. El abuso vuelve a las personas codependientes, por lo que la víctima no se siente

segura de dejarle y vivir por cuenta propia. En estos casos, es mejor buscar un abogado o el consejo de un terapeuta para ayudarte a hacer el cambio.

Cuando estás bajo el control de un narcisista, éste es un manipulador experto. Esto significa que te aislará, te hará sentir débil y vulnerable, para luego convencerte de que es todo lo que necesitas ilusionándote y tendiéndoles trampas a las personas para que reconsideres si son tus amigos. Entonces, cuando peleen o discutan, nunca puedes ganar o escapar porque estás aislado y él te controla. Tu mente no vuelve a ser feliz y plena como lo fue una vez, tu energía se vuelve desmotivada y tu vida sólo parece encajar con su horario.

Cuando nos defendemos, normalmente cometemos cinco terribles errores.

- **Culparnos** - Debido al pensamiento de merecer la culpa, (por obra del narcisista), nos culpamos a nosotros mismos, lo que nos conduce a intentar más, hacer más y empujarnos a superar nuestros límites. No obstante, la batalla nunca parece terminar, por lo que estamos agrediéndonos al permitir su comportamiento y su efecto en nosotros. Mientras tanto, el narcisista está sentado riendo por dentro.

- **Amenazar** - Para ganar autoestima o algún tipo de poder de vuelta, podríamos buscar sus debilidades y aprovecharlas, lo que nos hace amenazar. Sin embargo, las amenazas sólo funcionan si son cumplidas, cuando no lo haces, pierdes tu poder. Por otra parte, si lo haces, podrías sentirte más perdido de lo que estabas antes por haber caído tan bajo, por lo que te disculpas y el bucle comienza otra vez.

- **Tratar de ser comprendido** - ¿Te has sentado alguna vez tratando de interpretar mensajes, lenguaje corporal o palabras y frases que tu esposo/a o narcisista ha dicho? Haces tu mejor esfuerzo por entenderle, inventas soluciones y le das lo que necesita, pero quieres que haga lo mismo. Por ello, en tus esfuerzos por tratar de entenderle, cometes el error de intentar que te entienda a ti. Puedes tratar explicarte, decirle lo que tratas de decir o incluso parafrasear lo que quieres expresar. Sin embargo, continúa tornando la atención hacia sí mismo para hacer ver su punto. El hecho es que él sí te entiende. Sabe lo que quieres decir o a lo que te refieres.

No obstante, sólo le importa ser escuchado, no le interesa pensar en soluciones para ti, ya que no hay compromiso alguno con ellas. Simplemente se preocupa por sí mismo.

- **Arrepentimiento** - Después de una larga noche, días, o incluso semanas peleando, finalmente te rindes. Te vuelves insensible a los sentimientos y a tus propias emociones, y tu energía se ha extinguido. Por lo que te das por vencido. Aunque esto te ayuda a guardar energía y evitar el cansancio mental, no te hace salir de la situación en la que estás.

- **Negación** - Cuando nuestros amigos o seres queridos nos confrontan respecto a nuestra relación, inventamos excusas o mentimos para ocultar el abuso. Cuando lo haces, sólo permites que el narcisista gane, porque mientras lo excuses, le demuestras que el abuso está oculto, lo que sólo le confiere más poder sobre ti.

La verdad es que nunca podrás lidiar con el narcisista. Cuando intentes algo, siempre tratará de darle la vuelta, Cuando te entregues, te hará sentir, de alguna manera, que tu esfuerzo pasa inadvertido o que aún eres culpable. Básicamente, no importa lo que hagas, siempre estarás mal ante sus ojos y jamás él. La mejor forma de luchar con un narcisista es escapar de su ira y volverse independiente, aprendiendo estrategias de crecimiento personal para llegar a donde quieres y necesitas estar. Debes aprender a vivir sin él.

Hoovering

Aquí está un ejemplo perfecto de lo que es el hoovering: tú y tu ex llevan separados por un tiempo. No has oído de él y él no ha oído de ti. Finalmente estás encaminado a llegar donde necesitas; tal vez estés yendo a la escuela y haciendo nuevos amigos. Tal vez finalmente estás comiendo saludable y recuperaste una amistad quebrantada. Al fin tu vida va en rumbo a lo que quieres. Siempre recordarás el amor y la preocupación por tu ex, y finalmente lo estás superando. Todo está perfecto. Pero, repentinamente, recibes un mensaje o una llamada de tu ex. Dice, "Te necesito, me siento muy triste y sólo quiero morir. Por favor, ayúdame" Tu corazón se acelera, tragas grueso y las mariposas vuelan en tu estómago. En contra de tu mejor juicio, respondes con "¿qué necesitas?" Recuerdos de abuso y de la relación vienen a tu mente, junto a los buenos momentos de la relación.

Esto es el hoovering. En el minuto que le respondes, has caído de vuelta en su trampa. Hoovering es una táctica de manipulación que un narcisista usará para atraerte de nuevo. Piensa que el hoovering es "succionarte" nuevamente.

El hoovering es llevado a cabo cuando ha pasado cierto tiempo y el narcisista apunta a las debilidades o vulnerabilidades de su víctima para recuperar lo que tenía o quería. Cuando caes ante esta táctica de manipulación, él ha ganado y tú has caído de nuevo en el bucle del cual has escapado.

Los narcisistas "hoover" porque necesitan recuperar el control. Cual sea la razón por la que quieran recuperarte, mayormente, se debe a que eres un objetivo fácil. Por ser un objetivo fácil, saben que pueden obtener sexo, validación, atención, afecto, dinero e incluso poder. Puede que la razón más acertada por la que lo hacen es porque se sienten vacíos. Los narcisistas, tal como fue mencionado, necesitan sentirse deseados o superiores. Cuando no obtienen esta atención, tratan de recuperarte, para obtener lo que quieren como forma de llenar el vacío.

Los narcisistas están hambrientos de atención, hasta el punto que se vuelve el primer y último pensamiento de cada día. Cuando no reciben o tienen atención y parece no haber otra salida, elegirán entre sus exes para recuperar uno/a - dando como resultado que seas su víctima otra vez. Eligen entre sus exes porque ya saben cosas sobre ellos/as y, casi siempre, sus exes son "presa" fácil. Porque te conocen; o, piensan que lo hacen, y harán lo que puedan para aprovechar tus debilidades y tenerte de vuelta. Esto continúa hasta que se aburran de ti o encuentren algo mejor, entonces te dejarán, por lo que, en ese caso, has caído otra vez en su bucle abusivo. El problema por el que resultaste "hoovered" es que te importa demasiado o te genera mucha empatía, por lo que no te das cuenta que no tienen o comparten los mismos sentimientos. No les importa, sólo desean lo que quieren y cuando no lo tienen, destruyen para conseguirlo.

Tipos de Hoovering

Existen muchos tipos de hoovering. No obstante, algunos de estos tipos pueden ser llevados a cabo normalmente por la persona con la que recientemente terminaste. Uno de los objetivos del hoovering es que es casi siempre ejecutado por un narcisista, con ninguna otra intención que recuperarte y poder aprovecharse de ti otra vez. Si un ex está haciendo o ha llevado a cabo las siguientes técnicas de hoovering, es mejor que te preguntes una cosa.

¿Es mi ex un narcisista? Si no lo fuese, y las cosas sólo estuviesen complicadas, entonces tu ex no está aplicando "hoovering" en ti, sólo está tratando de recuperarte luego de un tiempo. Por otro lado, si tu respuesta es sí, presta atención a los siguientes tipos de hoovering. Cuando los leas, reflexiona sobre cómo piensa tu ex, no tú.

1. **Pretender o actuar como si nada ha pasado** - Los narcisistas pretenderán que todo está bien, como si nada ha pasado, y que todavía mantienen la relación. Ignorarán tus peticiones de eliminar contacto y pueden presentarse en tu casa, oficina o incluso en la casa de tus familiares para contactarte. Te dejarán emojis felices y te dejarán mensajes con cumplidos en tu correo de voz. Esta es una técnica de hoovering.

2. **Enviar regalos** - En un intento por recuperarte, harán todo lo posible por enviarte cosas. Pueden ser tus flores favoritas, chocolates, tarjetas de regalo, entradas al cine, entradas para un concierto e, incluso, dinero.

3. **Disculparse** - Se disculparán por todo lo que han hecho. Pueden incluso enviarte una carta explicando a gran detalle cuán "arrepentidos" están. Como son tan convincentes, sólo hay algo

que debes hacer. Piensa en el inicio de la relación - la etapa de luna de miel. Si están diciendo o haciendo lo mismo que hicieron alguna vez para ganarte, es falso.

4. **Manipulación indirecta** - Si has logrado ignorar todos sus intentos hasta ahora, podrían ingeniárselas y contactar a personas que conoces, como amigos y familiares cercanos. Puede que les mientan a tus amigos para que el mensaje se te sea transmitido y sientas la necesidad de corregirlos, o puede que les hable y, justo en ese momento, te enganche y te pesque. O puede empezar a enviarle cosas positivas y felices a tu familia en un intento por demostrarles que lo están intentando y que tu familia te diga que deberías hablarles por obvias razones. No lo hagas. La manera más efectiva o manipuladora, en caso que tengas hijos con el narcisista, es decirles a tus hijos que te convenzan de volver a casa.

5. **Declaración de amor** - Debido a que el amor es una emoción tan fuerte, puede que te envíen cartas de amor, te escriban poemas o expliquen detalladamente todo lo bueno que recuerdan ha pasado. Expresarán sus sentimientos más

profundos de la manera más romántica. Esta es una técnica de hoovering peligrosa y debe ser ignorada a cualquier costo.

6. **Enviar mensajes "inesperados"** - Podrías recibir mensajes diciendo cosas como,

> "Por favor, deséale un feliz cumpleaños a *John* de mi parte."

> "¿Asistirás a ese evento del que hablamos? Es esta noche."

> "Estoy en el lugar al que fuimos en nuestra tercera cita. Recuerdo lo que vestías y cuán romántico fue ¿y tú?"

7. **Fingir que necesita ayuda** - Este es tal vez uno de los trucos más desagradables que pueden intentar hacer cuando están desesperados. Puede que reciban un mensaje de texto o de voz diciendo que se van a suicidar porque están en su punto más bajo. Pueden inventar una falsa enfermedad como cáncer o problemas del corazón por lo que volverás con ellos sintiéndote culpable. Esta técnica aprovecha el instinto natural que la mayoría de las personas tienen por compasión.

Date cuenta que el hoovering es una forma en la que los narcisistas te llevan de vuelta a una relación abusiva. Harán lo que puedan por recordarte que lo que tenían era muy bueno. Debido a que la mayoría somos empáticos y nos gusta razonar o dar nuestro mayor esfuerzo, se aprovechan de este instinto. Hoovering es técnicas de engaño, métodos de manipulación y máscaras para hacer que vuelvas. Teniendo esto en cuenta, puedes ignorar su comportamiento y obtener una orden de restricción de algún tipo para que no debas lidiar con esto nunca más.

El Inicio de la Recuperación

Recuperarse de cualquier tipo de abuso es difícil, pero escapar y recuperarse del abuso narcisista requiere paciencia y dedicación. Tendrás que recordar continuamente todos los beneficios y contratiempos. Las recaídas sucederán y puede que te tome varios intentos. Una vez hayas escapado de su ira, es sólo cuestión de compromiso, tener una mejor vida. Explicaré brevemente las seis etapas de recuperación del abuso narcisista, las cuales son:

Primera Etapa: Devastación

Esta etapa es la primera al avanzar. Puedes sentir vacío, sorpresa, depresión, dificultad para concentrarte o mantener conversaciones, rabia e ira. Primero, puede que te sientas decepcionado, tal vez un poco confundido y tu mente inundada con los aspectos positivos de tu relación.

Recuerdos de ti riendo o el hacerte retroceder, pero es esencial saber que un narcisista no cambiará si no quiere. También es injusto pedirle a alguien que cambie, por lo que esta parte del proceso es necesaria.

Si te desapegas o te retiras del mundo, eso está bien. Date tiempo para liberar toda esta energía y siente las sensaciones que genera esta etapa. Puede que sientas que trabajar se ha convertido en una tarea compleja, comer se vuelve complicado o comer excesivamente se torna en un hábito. Esto sucede porque te sientes insensible, perdido y como si has perdido todo el control. La confusión viene por la pérdida de tu relación, preguntándote por qué no funcionó, recordando las tantas cosas que hiciste o dejaste de hacer. Este es el primer paso para avanzar, mientras experimentas síntomas de abstinencia, es como una droga de la que necesitas alejarte. Este paso es normal, sin embargo, si se está perdido por demasiado tiempo, lo mejor será buscar ayuda profesional.

En ocasiones, durante esta etapa, puede que te aferres a la culpa o a la vergüenza. Esto se debe a que aún te aferras al narcisista. Éste te ha manipulado y tergiversado tus palabras por tanto tiempo que, incluso después que se ha ido, hay una parte de ti que cree firmemente que es tu culpa. No permitas que sus garras te hagan pensar que no eres nadie, ni vales nada, o incluso que estás loco. No lo estás, y mientras pienses y sientas de esta manera, él ha ganado. La mejor venganza es demostrarle que puedes vivir sin él.

Segunda Etapa: Permitirte llorar y enojarte

Después de descubrir que eres víctima de un narcisista puedes sentir que la relación fue unilateral, que no debes permitirte sentirte enojado o llorar la relación. Esto es incorrecto. Absolutamente permítete llorar. Permítete enojarte y extrañar la relación, sólo no te permitas volver atrás, o ceder frente a sus esfuerzos por recuperarte. Si no te permites enojarte y llorar, entonces podrías estarte tendiendo una trampa para caer en otra relación abusiva en el camino. Aquí hay otras cosas que podrían suceder si no te permites estar enojado y afligido:

- Quedar atrapado en el proceso de devastación por más tiempo del que deberías.

- La ira se acumula. Problemas de temperamento.

- Problemas de confianza.

- Cansancio innecesario y depresión o estrés por períodos prolongados.

- Adicción

- Patrones y hábitos de evitación.

- Dolor crónico o enfermedad.

- Obesidad o desórdenes alimenticios.

Una vez sentida la rabia y sobrellevado el dolor, permítete avanzar. Aunque, puede que tome cierto tiempo, recuerda continuar venciendo un día a la vez. Algunos días se sentirán más difíciles que otros, y otros parecerán fáciles El siguiente paso es cuidarte a ti mismo, sin importar qué.

Tercera Etapa: Cuidarte

Tal como hemos aprendido, el estrés emocional, o cualquier tipo de estrés, puede perjudicar el cerebro Entonces, como estás afligido y traspasando olas de estados depresivos, rabia, ira y, finalmente, aceptación necesitas asegurarte de cuidar de ti mismo. Lee libros de autoayuda y frases positivas cada día para empezar a sentirte mejor y crecer en tu vida personal. Rodéate de personas positivas que sean de apoyo. Cuando estés listo sal y conoce nuevas personas. Las emociones que sientes es la manera en la que tu mente y tu cuerpo procesan el estrés y complejidad de la situación. Por ello, aprender cómo regular tu respuesta física es fundamental para que tus reacciones emocionales estén sanas otra vez. Algunas de las cosas que puedes hacer son:

- **Medita y practica mindfulness cada vez que puedas.** Está probado que cuando meditas o estás consciente del momento presente, te reservas los síntomas del abuso experimentado. Ve a un lugar callado, toma aire profundamente diez veces (respirando por tu estómago) y calma tu mente aplicando pensamientos positivos y mantras.

- **Ejercítate todos los días.** Esto es crucial porque cuando nos ejercitamos, como ir a correr, tomar un paseo en la naturaleza, hacer yoga ligero, etc. no nos enfocamos en la ruptura nunca más, más bien nos centramos en lo que hacemos. El ejercicio libera endorfinas, las cuales son hormonas de bienestar que nuestras mentes necesitan para sentirse bien. La meta es dejar ir la energía emocional al aprender a amar el ejercicio y deshacernos del equipaje emocional de forma saludable.

- **Duerme lo suficiente.** Ya es suficientemente malo que las emociones que te empeoran te mantengan exhausto. Asegurarte de dormir lo suficiente es una de las maneras más rápidas en la que tu cuerpo puede ecuperarse de la abstinencia y el dolor emocional que sientes. Si no puedes dormir, escucha ejercicios guiados de meditación y sigue todos los pasos hasta que estés calmado. Recuerda, siempre habrá un mañana para todas las cosas que tu mente te dice hoy.

- **Come saludable.** cuidarte también significa que cuides de tu cuerpo. Nueve veces de diez, la razón por la que las personas desarrollan tales desórdenes es porque no comen correctamente. Sanar tu intestino, sana tu mente, lo que desarrolla buenos químicos y ayuda a equilibrar tus emociones.

Cuarta Etapa: Fase de análisis objetivo

Esta fase ocurre cuando has pasado la devastación, sentido la rabia y ahora todo eso parece un amigo o enemigo lejano. Aquí es donde necesitas estar agradecido por todo lo que ha pasado porque ha forjado a esa persona fuerte que ahora eres. Finalmente puedes mirar atrás, sin los sentimientos de apego posteriores al rompimiento. Esta es la etapa en la que estás listo para salir de la depresión en la que estabas y ayudar a otros que están sufriendo o que han sufrido lo mismo que tú. En esta etapa, puedes encontrar viejos sentimientos que se escapan por las grietas. Y es normal, pero los sentimientos no parecerán tan devastadores o incontrolables, ya que has intentado intensamente reconstruirte para que las emociones no tengan tanto poder en ti. Este será un buen sentimiento.

Quinta Etapa: Fase de aceptación y reintegración

La aceptación es percibir las cosas como son en lugar de una visión nublada o con "una venda sobre los ojos." El narcisista ya no tiene poder sobre ti y has aceptado que lo que fue jamás podrá volver a ser. Entiendes tu valor y sabes qué buscar y en qué no caer. En este punto, conoces todas las señales y te has dado cuenta que las garras del narcisista eran dañinas, por lo que si otra relación narcisista toma lugar, sabrás reaccionar ante ello. Confía en tus instintos.

Sexta Etapa: Asegúrate que no vuelvas a ser abusado

La última etapa de tu recuperación es asegurarte que nunca vuelvas a atravesar algo así otra vez. A menudo, las personas que no se han recuperado por completo de una pareja abusiva o de un trauma, accidentalmente o automáticamente caen en otra situación abusiva. Investigando y descubriendo las principales áreas o conceptos del narcisismo no es la respuesta para asegurarte de no volver a caer en su trampa. La principal razón para recaer en una relación dañina es porque no se ha desarrollado crecimiento personal o no se ha sanado por completo de la última, y entonces cuando nuestros instintos nos gritan "no," los ignoramos e igual lo hacemos porque es todo lo que conocemos.

Debido a que no todos los narcisistas son iguales, la segunda relación narcisista en la que caigas usará otros trucos, y sin haber sanado la última herida completamente, podrías caer en su trampa otra vez y terminar teniendo otra terrible relación traumática. Es mejor que la herida sane por completo para evitar este patrón.

Por ello, haz el trabajo interno necesario, educa tu mente y cuida de ti mismo durante cada paso. Sé precavido, pero no demasiado, ya que podrías perderte grandes oportunidades. Enfócate en deshacerte de la basura y sana tu mente, cuerpo y espíritu para liberar esta energía negativa e identificar señales tempranas de narcisismo. Continúa leyendo para estrategias a profundidad sobre cómo superar y deshacerte del abuso narcisista.

Recuperarse Del Abuso Narcisista

CAPÍTULO 3

Lidiando con el Abuso Narcisista

Si alguna vez has estado en una relación con alguien o has experimentado abuso narcisista, entonces probablemente sepas cuán difícil es irse. Sabes lo que tienes que hacer, piensas las formas de escapar y cobras el coraje para hacerlo, pero luego, no lo haces. No lo haces porque algo te trae de vuelva. Te sientas y piensas en todos los buenos recuerdos, luego piensas en lo que pasaría si realmente lo dejaras, piensas en todas las cosas que aún no han pasado, o tal vez si te quedas, las cosas mejorarán debido a cual sea la excusa que hayas inventado. Este es otro tipo de miedo. Tu mente te ha atrapado como resultado del abuso hasta el punto en el que, cuando decides o intentas irte, sientes un torrente de pánico. El miedo es algo que muchos de nosotros no podemos ver superado, por lo que seguimos con la relación esperando que las cosas mejoren o que todo esté bien. Pero nunca sucede, por lo que empiezas desde el principio, preparándote para irte otra vez. Es un círculo vicioso que nadie debería atravesar. Si te encuentras sentado preguntándote a ti mismo cosas como, "¿debería quedarme o debería irme?" entonces es muy probable que ya sepas la respuesta y debas irte. Las cosas no mejoran; sólo se repiten. El narcisista con el que estás involucrado continuará haciendo promesas que no puede mantener y siempre te preparará para su principal objetivo: derribarte.

En el capítulo anterior, hablamos de las etapas que atraviesan las personas cuando, por su bien, deciden irse. Sí, como la primera etapa, es dolorosa y difícil, espero te des cuenta de por qué es necesario para que suceda la última etapa satisfactoriamente. La devastación es difícil de manejar, pero con el apoyo correcto, podrás sobrellevarlo, atravesar todas las etapas y llegar al punto en el que veas a tu ex como una persona que conociste pero que no tiene control sobre ti. Te prometo que si reclamas tu poder después de superar el lado oscuro de tu rompimiento, te darás cuenta que, sin sacrificio, seguirás atrapado. A nadie le gusta sentirse atrapado y nadie quiere sentir lo que tu sientes ahora mismo. Así que levántate, libérate y conviértete en quien eres al iniciar la primera etapa de la ruptura.

Devastación

Ya hemos hablado de la devastación, pero ¿hablamos de maneras en las que atravesarla de la mejor forma posible? No. Cuando estamos devastados, no queremos hacer nada, ni comer, ni hablar con nadie y preferimos ahogar nuestras penas debajo de cómodas cobijas y llorar en nuestras almohadas. La devastación llega en unas cuantas etapas diferentes y pueden presentarse todas al mismo tiempo o una por una. Primero (o, por último) viene el impacto de lo que realmente has hecho, que tu relación está finalmente acabada. Los recuerdos emergerán de tu mente y te llevarán a lo que era. Luego, podrías sentirte paralizado o llorar (mucho), con el sentimiento de que nada importa. Tus ojos podrían doler, puede que no duermas, lo que no hará posible que te concentres y podrías alejarte del resto del mundo porque prefieres hacer esto solo a que alguien te vea siendo tan patético como te sientes. Luego, llegará la rabia. Puedes volverte amargado con las personas que te rodean u olvidar cuidar de ti mismo, como limpiar la casa y vestirte. La rabia te consumirá si así lo permites, pero eso es parte de tu proceso de sanación. Para superar este sentimiento, sentirás una clase de "reinicio" que te ayudará a salir de tu depresión. Así que finges una sonrisa, te vistes y sales a buscar a alguien que te conceda la atención que tanto necesitas. Esto se llama negación. Estás en negación de tus sentimientos. Piensas que estás listo, pero no lo estás. Si haces esto, es muy probable que terminas con el mismo tipo de persona con la que acabas de estar, resultando en más daño para ti al final del camino.

Mientras la devastación duela, podrías intentar todo lo que esté en tus manos para detener ese terrible dolor en tu pecho. Alejar los recuerdos cada vez que escuchas una canción, encender la TV o salir; no puedes. La mejor forma de sobrellevar esta etapa es aprendiendo técnicas que te ayuden a lidiar con estas emociones abrumadoras. Es importante recordar que, aunque esta etapa es necesaria para alcanzar la etapa final exitosamente, si te permites permanecer en esta etapa por demasiado tiempo, jamás te recuperarás. Así que, en lugar de recordar tu punto más bajo, trayendo de vuelta los buenos y malos recuerdos, tus peleas y tus esfuerzos o intentar encontrar respuestas sobre por qué te trataron tan mal, detente. Si continúas haciendo esto, el dolor sólo empeorará y te mantendrás en la etapa de devastación por más tiempo del necesario. En su lugar, intenta estas tácticas para intentar acelerar la etapa de devastación:

1. Cierre

Esta etapa de devastación puede ser tan difícil para algunas personas que usualmente vuelven con su esposo/a en esta etapa. Después de todo el llanto, la rabia, tal vez un par de reinicios, deciden volver. Esto no es sano, porque la próxima vez que te vayas, deberás empezar el proceso una vez más y no necesito recordarte lo que les sucede a nuestros cerebros cuando estamos bajo este tipo de estrés. Así que sólo acaba con esto. Si has tomado la decisión de irte, entonces hazlo. Obtén tu cierre, escribe cartas (envíalas o no), despídete (física o internamente) y haz lo que sea necesario para ganar algún tipo de cierre. Una vez allí, no regreses.

2. Externaliza

Esta etapa es consciente - y hablaremos de ella a detalle más adelante. Sin embargo, involucra conocer y entender cómo te sientes y ser paciente respecto a estos sentimientos. Se trata de aceptar el dolor que sientes, pero sin atarte a él. Saber que habrán mejores días y que, en este momento, está bien dejarlo salir todo.

3. Proceso correcto

Este es un proceso necesario para lidiar con la devastación porque te permite saber que no te estás obsesionado con la ruptura y tus sentimientos. Incluye cinco pasos:

a. Admitir el dolor o la rabia

b. Expresarte y dejarlo en manos de las personas que te apoyan - o escribir sobre ello.

c. Determina tu reacción ante tus emociones (¿te sentarás a sentir pena por ti mismo o tratarás de levantarte y cuidar de ti mismo?)

d. Aférrate a tus objetivos y tu plan de recuperación mientras atraviesas la etapa de devastación.

e. Olvídalo. Piensa en otra cosa, algo más positivo. Sólo aprenderás a olvidar una vez hayas tomado el resto de los pasos.

4. Distracción

La devastación destruirá tu sentido de realización y no te permitirá hacer las cosas que solías disfrutar. Esta es la etapa del proceso para defenderse - hacer lo opuesto a lo que se siente. Entonces, si sientes que debes sentarte en la cama todo el día, levántate y siéntate en el sofá o sal por el día. Distrae tu mente con llamadas telefónicas a tus seres queridos, haz un crucigrama, ejercítate, escribe, dibuja, etc. Haz algo creativo y no te permitas quedarte sentado con todo el dolor.

5. Mantén tu horario

Cual sea haya sido tu rutina, continúa con ella. Si es demasiado complejo mantener una rutina en este momento, solo haz un par de actividades por día y aumenta gradualmente tu fortaleza para avanzar a la siguiente cosa que solías hacer. Por ejemplo, si solías despertar e ir a correr, llegar a casa y ducharte, prepararte para trabajar, ir a la oficina, llegar a casa, hacer la cena y luego leer un libro. Empieza por levantarte, ir por una caminata ligera y tomar una ducha breve. Día a día, incrementa tu rutina para agregar más actividades de la lista.

6. Encuentra un lugar que no te afecte

Si tu ruptura consistió en esa persona mudándose y tú quedándote atascado con todos los recuerdos sin importar dónde dirigieras tu atención, considera mudarte o quedarte con un amigo por un tiempo. Si tú te mudaste y duele ir a los lugares donde solían caminar o tener citas, evita esos lugares y encuentra nuevas locaciones a las que ir. Sólo no los evites para siempre.

7. Cede ante la necesidad de cercanía, sin contacto sexual.

La forma más rápida de atravesar esta etapa es a través de la cercanía física. Por eso, si tienes un hijo, abrázalo, si tienes un mejor amigo, pídele que te de muchos abrazos. Cuando necesitas un hombro para llorar, encuentra a alguien en quien confíes. Junto a esta cercanía física, crear vínculos con personas que conoces es un bonus en esta recuperación.

8. Evita todo lo sexual

Aunque la cercanía física es esencial para recuperarse de una ruptura con un narcisista, un enredo sexual con alguien puede empeorar las cosas. Si aún no lo has superado por completo o aún sientes vergüenza, culpa e incluso rabia. Esto debe evitarse tanto como sea posible.

La devastación es la primera etapa de la recuperación y también podría ser la más compleja. Sin embargo, cuando superas esta etapa, puedes avanzar a empezar a cuidar mejor de ti mismo, lo que te hará sentir mucho mejor. En resumidas cuentas, debes asimilar tus sentimientos, no luches contra ellos, cuida de tu bienestar y aléjate del internet o de los foros (al menos por ahora). Lo menos que debes hacer en este momento es abrumarte con investigaciones que te recuerden sobre tu relación narcisista.

Permítete Afligirte

Lo creas o no, tanto llorar como las lágrimas son beneficiosas para tu recuperación. Está científicamente probado que llorar elimina el estrés de tu cuerpo. Dejar entrar a tus otras emociones, también te ayuda en este proceso de duelo. No obstante, si mantienes tus emociones dentro de ti, le estás sugiriendo a tu cerebro que aferrarte a ellas es mejor, lo que causará más problemas en el futuro. Cuando las personas se aferran a sus lágrimas y a su rabia, nunca aprenden o dejan ir. En su lugar, se enseñan a sí mismos que está bien aferrarse, lo que podría resultar en un posterior desastre. ¿Alguna vez has llorado tanto, luego de esa sensación de ansiedad, pero se siente como si un peso fue liberado? Esto se debe a que te has aliviado del estrés o la tensión que sientes.

Las lágrimas son la forma que tiene tu cuerpo de liberar el estrés, el miedo, el dolor, la ansiedad y la frustración. Las lágrimas podrían venir en muchas presentaciones o sentimientos como lágrimas de alegría cuando nace un bebé o lágrimas de alivio cuando algo ha terminado para mejor. Algunas personas no lloran o liberan la tensión de esta manera porque se sienten débiles o patéticos cuando lo hacen. Llorar y derramar unas cuentas lágrimas jamás será señal de debilidad, son señales de fortaleza y autenticidad. Las lágrimas tienen más funciones además de liberar el estrés. Contienen anticuerpos que combaten microbios patógenos y eliminan irritantes. Veamos los tres tipos de lágrimas; reflejas, emocionales y basales.

- **Reflejas;** Este tipo de lágrimas brotan de nuestros ojos para eliminar irritantes como el humo o los gases de escape.

- **Basales:** Esta lágrima contiene un componente llamado "lisozima," y su función es mantener siempre tu ojo lubricado para evitar la resequedad. La lisozima protege tus ojos de contraer infecciones.

- **Emocionales:** Las lágrimas emocionales son las encargadas de liberar el estrés y la rabia, tal como fue explicado. Brotan cuando estamos tristes, molestos, estresados o abrumados, etc.

Las lágrimas se transportan a través del ducto lagrimal y dentro de nuestra nariz para mantener esa área libre de bacterias. ¿Alguna vez has notado que luego de llorar puedes respirar mejor y tu ritmo cardiaco se reduce? Esto se debe a que el estrés emocional fue aliviado; entramos en un estado emocional o de calma. También podría deberse a que llorar es agotador, pero te hace sentir mejor.

El Dr. William Frey del Centro Médico Ramsey – un experto en lágrimas - dice que las lágrimas emocionales tienen una acumulación de hormonas del estrés. Por lo que, cuando lloramos, las liberamos, lo cual, en un estudio adicional indica que, liberando el estrés a través de nuestras lágrimas, lo reemplazamos con una endorfina – la hormona de la felicidad.

Recuperando tu Poder luego del Abuso Narcisista
Piensa en cuando tenías entre 0 y 12 años. Durante esta eta- pa de nuestras vidas estamos constantemente aprendiendo y creciendo en nosotros mismos. Para comprender hoy, necesitas primero entender lo que sucedió durante esos años de tu infancia. Por ejemplo, si fuiste abusado, discriminado, abandonado, viviste en una casa hogar, etc. mediante estas etapas de aprendizaje de tu vida, puede que sientas que necesitas afecto o que ahora eres codependiente. Los narcisistas pueden elegir entre este tipo de personas vulnerables entre una multitud y darles lo que necesitan para su propio beneficio. Entonces, es hora de preguntarte sobre ti mismo. ¿Qué hay de ti?

Los narcisistas te harán sentir que lo que necesitas y quieres no importa. Ellos establecen o mantienen expectativas altas de ti, te dicen que te sientes, te calles y solo hagas tu trabajo, el cual es complacer sus necesidades. Te hacen sentir que lo que dices y haces no importa, lo que causa o da como resultado codependencia. Entonces, cuando alguien trate de decirte lo que debes hacer o descarte tus pensamientos o emociones, evalúa la situación y en voz alta o mentalmente di "¿qué hay de mí?"

Por esto es que es tan importante descifrar el "modelo" de crianza. Por ejemplo, si has sido ignorado o invisible entre las edades de 0-12 años, entonces probablemente buscas atención y has sido criado para dejar a un lado tus propias necesidades por aquellas que te rodean. Eso es lo que hacen los codependientes, abandonan sus propias necesidades para complacer y constantemente poner las necesidades de los demás por encima de las propias con la esperanza de ser apreciados por sus esfuerzos.

Cuando intentas dejar a un narcisista, podrían intentar decirte "cómo eres capaz," o "si me amaras harías … o no harías …" Está en tus manos defenderte levantando murallas y buscar la prioridad número uno – tú. Si tu esposo/a o amado/a no se da cuenta que tú también tienes necesidades, entonces éste es un narcisista o no le interesan tus logros. Debes ser capaz de confiada y asertivamente decir "si me amaras, no me pedirías estas cosas," o "más bien me preguntarías cómo me siento, o si puedo o siquiera quiero." Recuperando tu poder, estableces límites y te enseñas a ti mismo que también eres importante. Aprender a respetarnos a nosotros mismos estableciendo límites y no caer en los trucos del narcisista, nos devuelve nuestro poder. También le enseña a la otra persona sobre límites y con cuáles eres firme. En el futuro, cuando te sientes y te preguntes a ti y a tu esposo "¿qué hay de mí?", te demostrará que también estás pensando en tus propias necesidades. Si tu pareja te respeta, se tomará un minuto para entender, o no lo hará. Esto no significa necesariamente que no debas hacer lo que se te pidió, pero primero, antes de hacer algún sacrificio, debes asegurarte que quien sea la persona con la que te relacionas piense en tus necesidades, deseos y sentimientos atados a su petición.

Cambiando A Tu Verdadero Y Poderoso "Yo"

Una de las cosas que la mayoría de las personas no se dan cuenta es que todos tienen una autoestima tan baja que cuando algo externo sucede, desencadena nuestra defectuosidad interna. Lo que quiero decir con esto es que todos tenemos ese "yo" indefenso, todos tenemos esos pensamientos sobre no ser suficientes. La experticia del narcisista le permite elegir estos "defectos" indefensos e incontrolables en nosotros para aprovecharlos. Intencionalmente encuentra nuestras debilidades y las hace desaparecer para luego convencernos de ayudarnos a reparar esas cualidades. Esto funciona por un tiempo, una vez solos, te sientes indefenso otra vez y de forma constante porque, incluso estando con él, te hace sentir como si no lo hubieses logrado sin su ayuda. Estás simplemente indefenso.

Para recuperar tu poder, necesitas entender tu verdadero "yo". Tu verdadero "yo" consiste en no sentir dolor, sino más bien aceptación, alegría y plenitud. Es la parte no crítica de ti que existe sin tener que buscar a otras personas para que se lleven ese dolor. Cuando le damos el poder a alguien más de ayudarnos a encontrarnos y sanar, caemos en la misma trampa de codependencia y nunca nos sentimos realmente completos con nosotros mismos. La clave para recuperar tu poder es superar cada etapa al avanzar y dejar atrás a la persona que fuiste con el narcisista. Deja ir el alma victimizada que solías ser y lucha por la felicidad y la confianza en que eres más fuerte que esto. Si no podemos hacerlo, nos entregamos a la impotencia de lo que el abusador nos hizo sentir.

Ahora, para superar esto, necesitamos averiguar lo que más nos atormenta por dentro y abordarlo. Si nos sentimos vacíos y abandonados, busquemos maneras de superar esos sentimientos de la forma más sana y positiva que podamos. Nunca dejemos de trabajar en nosotros mismos y nunca le demos el poder a alguien más para repararnos internamente. De otra manera, los patrones que aplicamos a nuestras vidas jamás cambiarán.

El último paso para recuperar tu poder es ser real contigo mismo y honesto con quien eres. Toma el control y aborda las cualidades "defectuosas" en el interior.

Obstáculos Comunes que podrías enfrentar durante el Proceso de Recuperación

Escapar del abuso narcisista no es fácil; de hecho, podría ser una de las cosas más complejas de las que te puedes liberar. Bajo su control, sus extremadamente impresionantes maneras de manipular y sus técnicas de hoovering, podrías encontrarte retomando la relación más de lo que te gustaría o quedándote en la relación más de lo que deberías. El título de este capítulo fue creado para evadir los errores más comunes que la mayoría hacen cuando tratan de reponerse o avanzar. Siguiendo los siguientes pasos, dejarás de perder tiempo y serás capaz de recuperarte más rápido.

1. **Creer que investigar más sobre los narcisistas te hará sentir mejor** – Esta creencia te detendrá de avanzar porque revive el abuso que viviste evitando el éxito del proceso. Esto se debe a que la parte analítica racional y lógica de tu cerebro no tiene acceso directo o contacto con la parte emocional – Me gusta llamarla la mente sabia vs la mente emocional. Por ejemplo, digamos que te dispararon en la pierna, luego investigas sobre armas, disparos, heridas de piernas, etc. Investigar sobre ello no evita que esto suceda y tampoco se lleva el dolor o el daño hecho. Por lo que, mientras más pienses en el trauma, mayor será el trabajo que tendrás que hacer para pasar al siguiente paso, el cual es sanar del trauma, en lugar de centrarte en él.

2. **Culpar** – Culpar es lo que haces cuando sientes que alguien está en lo correcto o no. El problema con la culpa es que culpamos nuestra relación narcisista por lo que nos han hecho. Esta noción infantil se remonta a cuando aprendíamos los conceptos de nuestra juventud, dándole el poder a alguien más de hacernos sentir molestos, tristes, felices u otras emociones. En su lugar, no deberíamos culpar (ni siquiera a nosotros

mismos), sino aceptar que la mayoría de las cosas que nos pasan es a causa nuestra. Nosotros nos metimos en la relación y nos quedamos más tiempo del que debimos. Somos responsables de nuestras decisiones y, aunque hayamos tomado decisiones correctas o incorrectas, aprendimos de ellas. La razón principal por la que culpamos a otros por darnos o no lo que necesitamos es porque no hemos aprendido aún a dárnoslo nosotros mismos, lo que genera codependencia y hábitos de estar con personas que buscan nuestras debilidades para aprovecharse de ellas.

3. **Mantenerse ocupado para distraerse del dolor** – Si no podemos sanarnos a nosotros mismos, enfrentar el dolor y lidiar con él, entonces cómo podemos esperar que alguien nos ame. Distraernos del trauma que el narcisista causó solo implica más y más dolor en el camino y nunca sanar realmente. Es como si ignoráramos una falla del auto o una grieta en el techo y pretendamos que no está ahí. Sólo para darnos cuenta cuando volvamos que el daño sigue allí. Si no queremos vivir con el dolor o el daño que la grieta ha causado, entonces tendremos que arreglarla o, de otra manera, confrontar el problema. Lo mismo

sucede con nosotros. Si estamos dañados y no gestionamos los sentimientos o lidiamos con el trauma, cuando nos sentemos solos, el trauma, el dolor y el daño seguirán allí, debido a que no hemos lidiado con ello aún, lo que nos hace estallar otra vez.

4. **Reemplazar el amor de alguien con el amor de alguien más** – La mayoría de las personas lo llamaría un "rechazo," lo cual es cierto. Queremos el amor y la atención de alguien más debido a que fuimos muy lastimados por nuestro esposo/a o pareja narcisista. Uno de los problemas que podrían suceder con este tipo de comportamiento es que cuando intentas reemplazar a tu pareja narcisista, puede que no sea suficiente, lo que te hace querer la atención del narcisista con más fuerza. Otro problema al hacer esto es que realmente puedes perjudicar aún más tu cerebro o tus emociones, lo que podría resultar en problemas permanentes de autoestima o, al menos, tendencias codependientes. No podemos permitir que alguien más nos ame o nos entregue su afecto si no aplicamos este ejemplo en nosotros mismos. Lo más atractivo para una persona no narcisista es

que alguien pueda cuidar de sí mismo y proveer las necesidades físicas y mentales de ambos.

5. **Controlar al narcisista** – Una de las cosas más dañinas que puedes hacer durante tu recuperación es saber qué hace el narcisista. Esto sólo te mantiene atado a él y te hace desearlo aún más. El truco está en alejar tu vida completamente de él al no tener contacto alguno para así mejorar y prosperar por cuenta propia. Preguntas como "¿aún me ama, me extraña, se preocupa por mí, piensa en mí?" no tienen sentido porque en lugar de centrarnos en nosotros mismos, estamos enfocándonos otra vez en el narcisista y en el trauma. Una cosa sobre los narcisistas es cierta. No les importa y nunca les ha importado, te usan para su propio beneficio, y lo harían de nuevo si tuvieran la oportunidad. Si no sentimos que somos lo suficiente para ser amados, buscaremos validación y afirmación de nuestro valor a través de otra persona. Necesitamos aprender nuestro valor practicando autosanación antes de avanzar con otra persona, y esa también es la clave para recuperar tu poder.

En resumen, las cosas que queremos hacer, como chequear cómo está el narcisista, reemplazar su amor, culpar, distraernos del dolor e investigar constantemente sobre narcisistas están contradiciendo nuestro proceso de sanación. Mientras no hagamos estas cosas y nos enfoquemos en amarnos a nosotros mismos y en el positivismo de nuestra mente, podemos dejar a un lado el abuso narcisista y, finalmente, convertirnos en la persona que sabemos podemos ser.

Algunos obstáculos adicionales en su proceso de recuperación son los siguientes.

1. **No admitir que el narcisista el peligroso para tu bienestar emocional y físico.** – Esto se remonta a "la mente sabia" vs.. "la mente emocional." Nuestra mente emocional está obsesionada con inventar excusas o razones por las que es imposible salir de la relación. La razón para quedarte y por qué funcionaría si hicieras esto o intentaras aquello, etc. Quedamos atrapados en la noción de que un narcisista puede cambiar o que querrá hacerlo. Que tal vez él no es un narcisista y que los altos y bajos que atraviesan son normales. Sin embargo, si sientes que necesitas constantemente probar tu valía ante tu pareja o si

sientes que, si trataras más o cualquier excusa que quisieras se volviera realidad, entonces estás viviendo con un narcisista. Ninguna relación sana requerirá que demuestres tu valor. Más bien te acepta como eres y se mueve en la misma dirección, mismo camino y juntos tienen las mismas aspiraciones. Si te percibes como una víctima, siempre serás una. Por otro lado, si te percibes como exitoso, lo serás. A esto se le llama "Ley de Atracción."

2. **Expectativas irreales acerca de la cantidad de tiempo necesaria para recuperarte** – Debido al sentimiento de querer ser amado, tomado y notado, a menudo tratamos de apurar las etapas de recuperación y sanación. Justo cuando empezamos a sentirnos mejor, podemos empezar a sentir que ya está todo hecho y saltar a algo más sin esperar el tiempo necesario. Cuando esperamos que el proceso tome cierta cantidad de tiempo, nos preparamos para el fracaso. Sin embargo, cuando dejamos que las cosas fluyan, continuamos trabajando en nosotros mismos y permitimos que lo que sea que vaya a pasar suceda naturalmente, nos olvidamos de las expectativas sobre cuánto tomará y eventualmente sólo estaremos "mejor."

3. **Evadir los esfuerzos necesarios para avanzar** – el truco para avanzar es estar listo. Tienes que *querer*. Si no estás listo y no quieres, entonces te estás forzando a ti mismo a iniciar el proceso de recuperación sin poner todo tu corazón o esfuerzo en ello. A veces, las personas permanecen en una relación porque es todo lo que conocen. Se siente bien recibir de otras personas la simpatía y la atención que no se tiene de la persona que se ama, y casi siempre se siente como si esto terminará también. Pero es precisamente por ello que es tan importante darte a ti mismo lo que deseas o quieres que otros te den. Ya que avanzar y cambiar tu vida es tan difícil, puede que te vuelvas temeroso del proceso y te mantengas donde las cosas son sencillas. Pero míralo de esta manera; ¿serán las cosas realmente más sencillas si te quedas o podrías poner tanto esfuerzo en ti mismo como el que dedicas a la relación? De hecho, ser real contigo mismo y permitirte sanar y atravesar el proceso de amarte conlleva mucho menos estrés que continuar con tu pareja narcisista. Si aún no estás listo para alejarte, ten en cuenta que llegará el día en el que la gota rebose el vaso y a partir de ese momento serás capaz de seguir adelante sin

miedo, porque suficiente será simplemente eso. Suficiente.

A lo largo del proceso de recuperación y con la información que resta por leer, asegúrate de recordarte que mereces ser feliz. Recuerda que eres el único que tiene el control de hacia dónde está yendo tu vida. Sé un buen ejemplo para las personas que te rodean y sé la imagen de autocuidado por ti y lo que necesitas. Si aún no estás seguro acerca de lo que deberías hacer ahora, el siguiente capítulo debería responder todas tus preguntas acerca de tu relación y de ti mismo.

Sólo un Gentil Recordatorio...

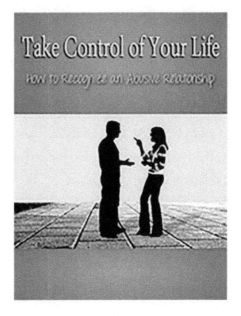

Me gustaría ofrecerte este maravilloso recurso por el que mis clientes pagan. Es un artículo que escribí cuando recién empezaba mi trayecto.

Haz click en la imagen superior o navega al sitio web debajo para unirte a mi exclusiva lista de correos electrónicos. Luego de unirte, podrás recibir este increíble xii artículo sobre cómo reconocer una relación abusiva

Si le preguntas a la mayor cantidad posible de personas lo que es una relación abusiva, lo más probable es que obtengas una descripción de abuso físico. Y sí, esa es ciertamente una relación abusiva. Sin embargo, el abuso llega de muchas maneras. El significado real de abuso es cuando alguien ejerce control sobre otra persona.

Averigua más sobre cómo reconocer una relación abusiva y aprende a cómo tomar el control de tu vida haciendo click al libro de arriba o dirigiéndote al siguiente link:

https://tinyurl.com/RecognizeAbusiveRelationship

CAPÍTULO 4

Preguntas Frecuentes de Personas Recuperándose del Abuso Narcisista

Cuando ahondamos en algo nuevo, a menudo tenemos miedo de los cambios que nos esperan. Nuestra mente emocional nos ataca con preguntas y puede, frecuentemente, mantenernos despiertos durante la noche reflexionando sobre todas las cosas que nos depara el futuro. Podríamos pelear con nosotros mismos acerca de si volver o no, mentirnos o repetirnos que las cosas podrían ser diferentes e incluso defender nuestra traición contra los demás. La verdad es que no podemos llevarnos bien con todos y por eso nos involucramos con alguien y nos enamoramos. Es normal tener discusiones, desacuerdos y momentos tristes. Cada relación enfrenta estas cosas, así estés involucrado con un narcisista o no. Sin embargo, las señales peligrosas de una relación surgen cuando nuestras discusiones se convierten en ultimátum, nuestros desacuerdos se vuelven peleas temerosas y los momentos tristes son más abundantes que los felices. Las relaciones son difíciles y normalmente cuando te preocupas y amas a alguien, es normal querer mantener la relación y pelear por todo, de manera que los años no se pierdan. Pero, tal como dice el último capítulo, "¿qué hay de mí?" Si tu relación se siente unilateral y, pese a todo tu esfuerzo, la otra persona tiene que **querer** cambiar y **querer** caminar en la misma dirección y a tu lado. Los narcisistas no piensan en tus sentimientos y no **quieren**. Ese es el factor clave que debes tomar en cuenta al abordar tus pensamientos y al hacerte preguntas.

No importa qué tipo de relación narcisista hayas tenido o puede que mantengas, es muy probable que te estés preguntando lo mismo que muchas personas en tu posición se preguntan. Las preguntas frecuentes que cada una de las víctimas de un narcisista alguna vez se han hecho son:

1. **¿Cómo hago que el narcisista cambie?** – La cuestión con el cambio es que cuando tratamos que alguien cambie estamos, en realidad, "accidentalmente" tratando de controlarlo. La verdad es que **jamás** puedes cambiar a alguien. Sólo puedes cambiar tus propias acciones y reacciones a su comportamiento. Lo que la mayoría de las personas olvidan hacer al pasar el tiempo con su esposo/a, amigo/a, colega, etc. es recordar que deben aceptar a las personas por quienes son. Si no puedes aceptarlos por quienes son, entonces podrías querer intentar técnicas para cambiarlos. En todo caso, este es el enfoque equivocado. Si quieres aceptar cómo son, entonces necesitas preguntarte si puedes lidiar con esta persona tal como es sin cambiar nada jamás. Si tu respuesta es no, entonces eres el único responsable de controlar tu próxima acción ante esta respuesta.

2. **¿Cómo puedo evitar que mis hijos sean abusados o lastimados por el narcisista?** - ¿Has escuchado alguna vez que *"los niños imitan todo"?* Los niños pasan la mayoría del tiempo aprendiendo cómo actuar, qué decir o quién será su influencia. Si las acciones y el comportamiento de tu co-padre giran en torno a maneras narcisistas

- manipulación, mentir, falta de empatía, negligencia, etc. entonces puedes estar lidiando con el síndrome de alienación. La mayoría de los padres narcisistas usarán sus costumbres narcisistas para influenciar al niño y que rechace al otro padre. La mayoría de las estrategias que el narcisista usará serán técnicas de lavado de cerebro, las cuales pueden hacer mucho daño a tu relación padre e hijo.

Por ello, si eres el otro padre y es imposible limitar la influencia del narcisista en tu hijo, sigue las siguientes recomendaciones;

• Enséñale a tu hijo sobre el pensamiento crítico

• Modela un entorno positivo y seguro para tu hijo,- evitando ser controlador, negligente y aterrador.

• Comparte tiempo de calidad con tu hijo y conócelo en un nivel más profundo. Construye y desarrolla tu vínculo.

• Relájate. Disfruta la vida con tus hijos sin miedo a lo que el padre narcisista podría estar haciendo.

- Sé un adulto. Eso significa que no te pongas al mismo nivel que tus hijos o le des poder a tu co- padre.

- Busca ayuda profesional como un terapeuta o un consejero. Asiste a terapia familiar para averiguar cuál es la mejor opción que puedes hacer en esta situación.

3. **¿Cómo respondo un mensaje de texto o una llamada del narcisista?** – Tan difícil como sea aceptar esta respuesta para algunos de ustedes, el mejor enfoque es cortar todo contacto. Esto podría asustarte debido a lo que podría hacer si lo ignoras. Puede que haga que te preguntes qué juego o complot intentará aplicar a continuación en tu contra. Sin embargo, al responderle, le estás dando lo que quiere - atención. Es mejor bloquearlo de todos lados, textos, llamadas, redes sociales, etc. Si te topas con él en público, evita contacto alguno.

Si es un co-padre, miembro de la familia, jefe o alguien con quien tienes que mantenerte en contacto, ve directo al grano. Que sea breve y amable, simple y directo. El objetivo es no permitir que el narcisista te recupere o te manipule otra vez. Si este proceso es nuevo para ti, pídele a un tercero que te ayude con los mensajes, ya que esta persona no estará involucrada y podrá diferenciar entre manipulación y conversaciones directas.

4. **¿Cómo manejo "la ley del hielo?"** – La ley del hielo es otra manera del narcisista de recuperarte o manipularte. Si entiendes esto y reconoces las señales o la intención detrás de esta ley del hielo del abusador, entonces debes evitar este comportamiento. No respondas ni mantengas contacto con él. La ley del hielo es una táctica de control perjudicial que usa el narcisista para meterse debajo de tu piel. Cuando lo ignoras y no permites que te moleste, recuperas cierto control. Lo que le enseña que eso no será tolerado. Si no puedes alejarte de esta persona, distráete con algo más. Es importante no tomarse las cosas personales y recordar que la ley del hielo es solo otra forma de abuso. No se trata de lo que hiciste o dejaste de hacer y no es algo que mereces o te ganaste.

5. **¿Cómo puedo sobrellevar la crianza compartida con un narcisista?** – Puede ser

extremadamente difícil criar junto a un narcisista o alguien con características similares. El mejor enfoque para responder esta pregunta es arreglar algún tipo de documento legal acerca del tiempo compartido y cómo se llevará a cabo la crianza. De esta manera, cuando se trate de esto, no tendrás que contactar tanto a esta persona y será legalizado para disminuir las peleas al respecto. Otra ruta es establecer consejeros familiares o asistir a clases para padres juntos.

6. **¿Cómo puedo romper con una relación con un narcisista?** - La razón por la que puede parecer imposible alejarse no se debe sólo al amor, sino que has desarrollado un "lazo traumático." Como explica "Good Therapy" y cito[1] "La "adicción" a una persona con narcisismo es realmente una adicción a la química del cerebro relacionada a la anticipación y al vínculo traumático dentro de la relación." Esto significa que los narcisistas son adictivos debido al constante ciclo de altos y bajos al que te someten. Cuando somos abusados, o derribados por nuestro agresor, la única manera de superar esta experiencia es cuando el mismo agresor nos levanta otra vez. Esto genera un "lazo traumático", el cual se vuelve adictivo y puede ser

un proceso complejo del cual escapar debido a algunos efectos de abstinencia.

Para trabajar en ello, debes seguir las etapas y cuidar de ti. Será difícil al principio, y siempre lo es antes que se vuelva sencillo. Es aquí donde los amigos, la familia, los terapeutas y otros tipos de apoyo pueden ser realmente beneficiosos. Puede que sientas que quieres alejarte del mundo, o sólo hablar con el narcisista, sin embargo, luchar con estos sentimientos es la única forma de liberarte.

7. **¿Cómo puedo sanar de haberme criado con un narcisista?** – Esto toma tiempo y práctica, y básicamente radica en conocerte internamente. Los niños que son criados por padres narcisistas han aprendido a usar a sus padres como una guía de cómo actuar, hablar y comportarse. Busca dentro de ti y encontrarás las respuestas. Algunos pasos para intentar son:

a. Encuentra tu voz.

b. Aprende si has disociado o desarrollado otras "formas" de gestionar y enfrentar tu infancia.

c. Sé amable contigo mismo. Sé inspirador y positivo por ti.

d. Crea afirmaciones positivas para decirte día a día - "Soy suficiente," "No soy responsable por los sentimientos de los demás."

e. Rodéate de personas positivas y 'seguras'.

f. Habla con un consejero o psicólogo.

g. Únete a grupos de apoyo.

8. **¿Cómo me recupero de haberme alejado de mi hijo?** – Tal vez lo más doloroso que le puede suceder a un padre es alejarse de su hijo. Tu mente emocional va a intentar aparecer y explicarle la verdad a tu hijo con esperanza de que vuelva contigo otra vez. Sin embargo, al hacerlo, te estás poniendo al nivel del narcisista al querer que tu hijo también le dé la espalda, lo que sólo hará que tu hijo se confunda y lo empeorará todo. Por lo que puede que estés atrapado con dolor, tristeza, desesperación y desesperanza. Pide ayuda a un consejero, quien te ayudará con lo siguiente:

a. Recordarte que no es tu culpa.

b. Vivir la vida al máximo según tus habilidades.

c. Mantener abiertos los canales de comunicación.

d. Aprender asertividad y límites.

e. No permitir que tus hijos te agredan.

f. Escuchar a tu hijo sin emitir juicios, incluso si su verdad no es cierta. Escucha con amabilidad y empatía sin tolerar el irrespeto.

g. Practicar bondad y cuidado propio.

h. Ofrecer tu ayuda o amor a otros o dar para recibir.

i. No desesperanzarse. Mañana siempre será otro día y es mejor vivir cada momento con un corazón abierto y listo.

Así las personalidades narcisistas sean difíciles de lidiar o manejar, tienes que ser más fuerte que el abuso que te hace sentir. Sólo puedes hacer esto aprendiendo y creciendo por ti cada día. Cada día es una nueva oportunidad para hacer algo nuevo, enfrentar tus miedos y desafiarte a crecer.

¿Por qué es Complicado admitir que he sufrido Abuso Narcisista?

La negación es la primera parte de cualquier ruptura. Es también la razón principal por la que puede parecer difícil admitir el abuso narcisista que atravesaste. Sin importar si aún estás en la relación o no, el apego aún está allí y los juegos que implementó siguen controlándote. Si te has dado cuenta que piensas cosas como 'él regresará' o 'un día se despertará y pensará que lo que hizo estuvo mal,' te encuentras en la etapa de negación. Aunque hayas renunciado al abuso, es como que, sin él, aún te aferras a la idea de estar juntos nuevamente. Mientras te sigas aferrando a este pensamiento, aún cobra y tiene poder sobre ti. La negación minimiza la verdad de lo que es. Lo que significa que, lo que está sucediendo es que tú y tu esposo/a ahora son ex's o la relación se ha acabado y ha sido así por un tiempo. Sólo que no has llegado al punto en el que lo aceptas, porque todo lo que prosiga a este punto es aterrador y nuevo.

¿Cuánto Tiempo Toma Sanar del Abuso Narcisista?

La pregunta no es cuánto tiempo toma, sino ¿qué necesito para sanar? – esta es una mejor pregunta. El dolor es la barrera que define *cuánto tiempo* tomará la sanación. Por lo que, cuando te centras en sanar el dolor, empiezas a entender cuánto tiempo tomará sanar del abuso. Si nos sentamos a pretender que el dolor no existe, o nos distraemos del dolor al estar con alguien más o hundiéndonos en trabajo, el proceso de sanación perdurará por siempre - literalmente. Puede que sientes que estás dando dos pasos hacia delante y luego das tres pasos hacia atrás y quedas en el mismo sitio que tratabas de evitar en primer lugar. Esto sucede cuando no lidias con el dolor emocional que ha causado el narcisista.

La ansiedad, la depresión y otros trastornos del estado de ánimo, como el TEPT, todos provienen de traumas y dolores con los que no hemos tratado. Es la manera de nuestro cuerpo de decirnos que el dolor no está yendo a ningún lugar y darnos la oportunidad de tomar el trauma y transformarlo en lecciones de las que aprender. El proceso de lidiar con el dolor y el trauma o el abuso es sentirlo, mantenerlo y aliviarlo sanamente mientras cuidamos de nosotros mismos. Eventualmente, aprenderemos que estos momentos oscuros de nuestra vida y nuestra forma de superarlos es lo que realmente somos por dentro. Nuestras experiencias nos hacen quienes seremos y todo lo que nos ha sucedido hasta este momento nos ha convertido en quienes somos hoy.

Hablando y expresando nuestro dolor a otras personas no reparará o aliviará nuestros problemas; nos concederá un alivio rápido y una veloz subida de endorfinas. Pese a ello, puedes darte cuenta que cuando estás solo, el dolor sólo empeora, y esto se debe a que no lo estamos enfrentando nosotros mismos. Nos mentimos y convencemos nuestras almas de nuestro bienestar, que es sólo un problema y que no necesitamos hacer ningún esfuerzo para llegar donde necesitamos porque no estamos tan mal. Pues, este no es el caso y es una mentira que nos decimos a nosotros mismos para evitar el dolor y el trabajo duro que debemos aplicar.

A continuación, describiremos tres cosas que puedes hacer para lidiar con tu dolor:

- Atacar el dolor y los sentimientos asociados a éste.

- Sentir completamente el dolor y las emociones

- Abrir nuestro corazón con amor y sin juicios.

El dolor no desaparece si nos distraemos o nos decimos que estamos bien. La verdad es que necesitamos aceptar que no estamos bien, necesitamos entender que estamos tristes y necesitamos ser pacientes con nosotros mismos durante el tiempo que tome enfrentar cada emoción que surge. Cuando tenemos pensamientos de desprecio hacia nosotros mismos, nos acosamos o nos apaleamos por lo que pudo haber sido o lo que debió haber sido, solo estamos empeorando la situación y el proceso de sanación tomará mucho más tiempo del necesario. En resumen, trátate a ti mismo como tratarías a alguien que amas incondicionalmente y está pasando por el mismo momento que tú, como tu hijo/a. ¿Qué le dirías a tu mejor amigo si se dijera a sí mismo lo que tú te dices? Aún si esto pareciera no funcionar para ti, escribe dos cartas. Una carta de ti para ti y la respuesta, como si le estuvieses respondiendo a un amigo. Todo lo que digas en la carta de respuesta necesitas implementarlo en el proceso de lidiar con tu dolor.

¿Por qué no paro de Pensar en el Narcisista?

De esta manera, hemos investigado, leído, hablado y entregado lo mejor para superar el abuso narcisista o el trauma. Finalmente hemos alcanzado la paz interior y podríamos incluso empezar a sentirnos un poco mejor, sin embargo, la respuesta a esta pregunta - ¿por qué no puedo parar de pensar en mi agresor? Es esta; eres adicto al amor. Eres adicto a cómo te sentiste cuando estabas con el narcisista. La manera en la que el narcisista nos "ama", es encontrar nuestras debilidades, aprovecharse de ellas, y entregarnos validación de una forma que jamás habíamos experimentado. Confundimos este comportamiento con "amor" porque es un sentimiento bueno y adictivo. Los narcisistas no sienten amor. Pueden pensar en él o implementar amor en otras formas, pero mayormente solo te "aman" porque están obteniendo lo que quieren de ti manipulándote al hacerte creer que tienes lo que quieres.

Y, somos atraídos o halados por el narcisista tan fácilmente porque la única demostración de amor que recordamos se remonta a cuando éramos niños o a nuestros primeros años de crecimiento, por lo que es lo único que buscamos. Si nuestra infancia fue traumática y fracasamos en recibir la atención que necesitábamos, entonces imploramos por ella todo el tiempo. Cuando el narcisista nos atrapa, alimenta nuestros deseos y nos muestra una manera o un mundo diferente sobre lo que es el amor. Y éste podría ser diferente para cada persona.

Cuando somos niños, imitamos a nuestros padres, por lo que, si se tratan mal el uno al otro o se juzgan, entonces observaremos a las personas a través de estos juicios y también los trataremos mal. Si nuestros padres son demasiado indulgentes con nosotros, entonces aprenderemos a usar a las personas o a quejarnos para obtener lo que queremos, y nunca superaremos este punto.

Entonces, iremos por la vida creyendo que somos superiores; así es como nace un narcisista. A su vez, si nuestros padres son demasiado estrictos, entonces sentiremos que no somos lo suficientemente buenos y todo lo que hacemos es rechazado, por lo que continuamente querremos complacer a las personas. Buscamos en otros el amor que nuestros padres no nos pudieron dar porque no nos enseñaron cómo amar ni a cuidar de nosotros mismos; así es como nace un codependiente.

Entonces, la razón por la que no podemos parar de pensar en el narcisista es porque te ha dado el amor que nunca tuviste, la atención que tanto imploras o el sentimiento que te perdiste de alguien más. O, estás atascado queriendo complacer a las personas o ser respetuoso, bueno o suficiente para alguien y el narcisista te ha hecho sentir que no eres lo suficientemente bueno. Lo que pudiste haber vivido durante tu infancia fue un ejemplo y podría explicar por qué te haces esa pregunta ahora mismo. Se debe a que no has aprendido cómo cuidar apropiadamente de ti y amarte incondicionalmente por quien eres el día de hoy.

¿Cómo Superar la Soledad luego del Abuso Narcisista?

Como la mayoría de las cosas, la soledad se remonta a la infancia, a los primeros años de crecimiento. Cuando somos niños, la soledad puede deberse a la negligencia o al abandono de nuestros padres o cuidadores. Entonces, inconscientemente, cuando nos volvemos adultos, caemos en relaciones abusivas porque cubren la 'herida' que hemos enterrado en nuestro interior – la soledad. Luego nos da miedo irnos, debido al sentimiento de soledad que casi cada una de las relaciones abusivas en las que hemos estado no han dejado, lo que nos ha alejado de nuestros amigos y familia, por lo que el narcisista se convirtió en todo lo que teníamos. Por eso, cuando ya no está, volvemos a sentirnos solos otra vez, lo que puede ser un sentimiento que sentimos imposible de superar.

Cuando nos quedamos solos, con tal vez una o dos personas a nuestro lado, no suele ser suficiente. Por lo que, buscaremos activamente por compañía o alguien que nos ayude a escapar de dicha soledad. Este ciclo es esencial para que nuestro crecimiento pueda vencerlo. La respuesta a esta pregunta es enfrentar la soledad y dejarla entrar. Tal como el dolor. Necesitamos aprender cómo lidiar con la incomodidad de la soledad. Puedes estar solo sin sentir soledad o puedes estar alrededor de muchas personas y sentirte como el más solo del lugar. Debes estar dispuesto a estar solo para que no caigas en el ciclo de caer en relaciones abusivas en el futuro. Porque cuando estás solo, llegas a estar contigo mismo y te entiendes en un nivel más profundo, el cual es el momento en el que sanas más.

No obstante, estar solo no es lo mismo que sentirse solo. Estar solo es cuando no estás con otras personas, no estás rodeado por nadie más. Sentirse solo es un estado emocional. Por lo que puedes estar solo sin sentirte solo, y éste es el objetivo que necesitamos alcanzar. Lo mejor también es parar de quejarse sobre siempre estar solo. No busques atención en las redes sociales o evita expresar a las personas cuán solo te sientes todo el tiempo. La última cosa que quieres es tener un narcisista cerca y que te etiquete como objetivo, lo que te hará caer en otra relación abusiva de vez en cuando.

Existen dos curas para la soledad:

- **Presencia:** Significa estar aquí, por completo, con el aquí y el ahora. Ser completamente consciente de lo que haces ahora en el sentido literal. ¿Qué hacen tus dedos? ¿de qué color es la habitación en la que estás? Si estás comiendo, ¿cómo sabe lo que comes? Siéntete por completo en el momento presente. No se trata de pensar demasiado, preocuparte y obsesionarte con las cosas que no puedes controlar, sino ser completamente uno en este preciso momento. Cuando te encuentres distraído o enfocado en algo más, tráete de vuelta preguntándote "¿dónde estoy?"

- **Autenticidad:** Significa ser tú y quien eres al 100%. Defendiendo lo que crees y sólo siendo completamente auténtico a quien eres e intensificando el ambiente externamente. A las personas no les agrada que te conviertas en la persona que otros esperan que seas, que hagas lo que otros hacen, que no digas lo que quieres decir, etc. Para ser quien eres necesitas sentirte completamente feliz y cómodo. La pregunta para hacerte ser auténtico es "¿quién soy?" Piensa en tres adjetivos que describan a tu "yo" ideal.

La última pequeña cosa que puedes hacer para derribar los sentimientos de soledad es tomar tiempo para ti. Es verdaderamente beneficioso cuando reservas tiempo para cuidar de ti. No es egoísta, más bien es responsablemente egoísta entender tu importancia y tus necesidades. Necesitas cuidar de ti o, de otra forma, cómo podrás enfocarte en el trabajo, relaciones, paternidad, etc. Si buscas que otras personas cuiden de ti, al final del día, debes ser el único que esté para ti. Cuando todos se vayan y las cosas no salgan como planeaste. Sólo cuidando de ti podrás encontrar verdadera felicidad interior.

Si esto no te ha ayudado hasta ahora, lo siguiente es encontrar compañía en un animal. Un perro o una mascota puede ser beneficioso por muchas razones y jamás te traicionará. Los animales son mecanismos de sanación fantásticos que puedes disfrutar. Sugiero un perro porque puedes entrenarlos, vincularte, llevarlos de paseo, hablarles y solo mostrarán lealtad y respeto de vuelta.

¿Cómo Retomar una Relación Sana luego de una Relación Narcisista Abusiva?

La respuesta a esta pregunta es dinámica porque cuando tienes una relación con un narcisista, éste ataca tu confianza, poder, autoestima y te aísla para que te sientas poco valioso. Si no has trabajado en arreglar lo que el narcisista dañó, entonces no tendrás una relación sana, debido a que buscarás en tu próxima relación lo que el narcisista te quitó, lo que puede resultar en involucrarte nuevamente con un narcisista o con una pareja abusiva.

Para involucrase en otra relación saludable, primero debes atacar el TEPTC – Trastorno de Estrés Postraumático Complejo. El TEPTC sucede cuando repites el proceso de una relación abusiva, como estar con un narcisista, lo que te pueda hacer pensar en o provocar flashbacks emocionales. El TEPTC puede derivarse de un trauma de la infancia cuando eres emocionalmente descuidado, (o alguna otra forma de abuso), y si no has estado en una situación traumática de la infancia, el narcisista, de igual forma, te puede hacer sufrir por ello. Este es un tipo de trauma que se presenta continuamente y conlleva recuerdos intrusivos, desagradables y repetitivos que se disparan como alarmas. En resumen, tu cerebro te grita literalmente "mira esto," "piensa en esto," "luego pasó esto," "necesitas pensarlo primero." El TEPTC también comprende emociones abrumadoras e indeseadas que parecen surgir repentinamente porque tu cerebro, subconscientemente, ha hecho conexiones a las amenazas que pudieses estar enfrentando del trauma experimentado en el pasado.

Otra cosa que se puede derivar al estar en una relación narcisista es que tu 'súper-ego' es secuestrado. En definitiva, tu súper-ego controla tu ego. Así, le dice a tu ego cómo actuar, lo que está bien, lo que está mal y así sucesivamente. Si has sido víctima de trauma emocional o abuso, tu súper-ego se inflamará y dañará, por lo que, luego, lo que te parece correcto, te parecerá incorrecto y viceversa. Te enviará mensajes negativos sobre quien eres, además de flashbacks emocionales que ya no puedes controlar. Lo que resulta en TEPTC.

Entonces, la pregunta es, ¿qué hacer si queremos iniciar una relación amorosa sana para nosotros? Tenemos que reducir los flashbacks emocionales y, en caso de no hacerlo, entonces seremos constantemente atacados por nuestro pasado, por lo que culparemos a nuestra nueva pareja y nublaremos nuestra visión sobre quién es verdaderamente. A su vez, cuando eres vulnerable o permaneces en estado de TEPTC, será más probable que caigas en otra relación narcisista. Porque lo que hará el narcisista es identificar tus debilidades y llevarte a donde quiere que estés, atorado en este estado mental. La siguiente cosa en la que te debes enfocarte es en sanar tu súper-ego. Sí no hemos sanado nuestra parte crítica interna, entonces también será probable que volvamos a caer en una relación similar. Esto se debe a que tus pensamientos intrusivos te dirán que mereces esto y cuando crees que realmente mereces el abuso, te estás conformando con menos de lo que puedes tener – una relación sana y amorosa. Si no trabajas en la parte de tu cerebro del súper-ego, entonces tu percepción del amor siempre se sentirá menospreciada, como luz de gas, como si no fuese suficiente, como si tuvieses que esforzarte antinaturalmente. Esto no es el amor.

Básicamente quieres llegar a un estado en el que puedas procesar fácilmente, sentir y ser dueño de tus propias emociones, para ello aprende de inteligencia emocional tan pronto como puedas. Cuando aprendas inteligencia emocional, podrás discernir fácilmente entre un agresor y un amante, ya que sabrás y captarás las señales para estar más en sintonía con tus instintos personales.

Tres cosas que debes hacer cuando busques apoyo mediante terapia es poder alcanzar estos objetivos para ganar una relación sana. Sanar tu voz crítica - súper-ego, cuidar de tu TEPTC y, finalmente, aprender de inteligencia emocional.

¿Debo Perdonar al Narcisista?

La mayoría de nosotros nos decimos a nosotros mismos o a otros que queremos perdonar a nuestro agresor, pero, de alguna forma, simplemente no podemos. La respuesta a si alguna vez lo harás honestamente no importa. Lo hagas o no, depende enteramente de ti y no hay diferencia alguna si lo haces o no. Las razones por las que el perdón no es siempre la respuesta son.

1. **Necesitas avanzar.** – Tal como las técnicas de hoovering que el narcisista usa, enfocarte en si perdonarle o no también es una de estas técnicas.

La razón de esto es que, una vez lo perdonas, es más probable que vuelvas con él, ya que te convencerá de que, si lo perdonas, las cosas van a cambiar y que esto importante para que la relación crezca. Sin embargo, los narcisistas tienen un trastorno. Los trastornos no sólo 'cambian.' Es necesario darse cuenta y atravesar unas cuantas etapas antes de aceptar que el trastorno existe, lo que conlleva años de trabajo. Si lo acompañas a través de todos estos años de crecimiento personal, sólo te recuperará para que continúes siendo abusado hasta que eso suceda, SI es que sucede.

2. **Es tiempo de enfocarte en ti** – Cuando reflexionas sobre el pensamiento de perdonar o no, estás evitando o procrastinando el cuidar de ti mismo. El cuidado propio es uno de los procesos de sanación más beneficiosos y rápidos que puedes hacer para avanzar. Cuando aprendemos cómo amarnos, se vuelve un tanto complejo para un narcisista abrirse paso. Esto se debe a que los narcisistas no se aman a sí mismos y no entienden que alguien tenga el poder que ellos necesitan o que tanto imploran. Por lo que, prefieren elegir a una víctima diferente.

3. **Mejor perdónate a ti** – El perdón principal en el que debes enfocarte es el perdón propio. Perdónate por permitirte ser abusado por más tiempo del que debiste. Perdónate por no ser capaz de cuidar quien eres. Perdónate por ser una menor versión de ti mismo. Finalmente, perdónate por tan poco esfuerzo dedicado a tu crecimiento y a ser 'poderoso' otra vez. Usa esta oportunidad para compensar las cosas por las que te perdonas.

4. **Necesitas sanar** – Todas las cosas que se han dicho previo a este capítulo son todo lo que necesitas hacer por ti para sanar. Siente cada emoción que llega junto a la devastación, aprecia y crece junto a tus alter-egos o súper-ego. Vence el trauma del TEPTC que concebiste. Cuida de ti mismo y defiéndete de esas imágenes propias negativas. Mientras más rápido sanes, major estarás. Sentarte a pensar en si perdonas a tu agresor puede que te haga o no te haga sentir mejor, pero tienes muchas más cosas en las que trabajar, en lugar de perdonar a alguien más. Es momento de ponerte en primer lugar.

En conclusión, perdonar al narcisista es tu decisión. Si te hace sentir major, hazlo, si no te es útil, entonces no lo hagas. No obstante, para alcanzar el éxito, las respuestas a la mayoría de las preguntas vienen desde dentro. Cuando te preguntes acerca de la relación o el trauma, el abuso, el futuro o las personas que te importan, sea lo que sea. Ten presente que ya tienes las respuestas y que solo necesitas buscar dentro de ti para encontrarlas.

CAPÍTULO 5

Volver al Ruedo con Confianza

Vivir con un narcisista o sobrellevar una verdadera relación con una persona con un trastorno de la personalidad más oscuro puede dejarte adivinando todo. Esto se debe a que ya no confías en ti mismo o en las personas que te rodean y esto es crucial para sanar a través del crecimiento personal y superarlo. Las principales razones por las que confiar parece tan complejo luego de una relación narcisista se deben a que estás temeroso de que te vuelva a pasar lo mismo, estar solo se ha convertido en algo nuevo, y las cosas nuevas pueden ser escalofriantes, a su vez el narcisista ha perjudicado tu percepción de la vida, por lo que sientes que todos son narcisistas. Si confiar no resulta fácil para ti, entonces aprender a confiar podría ser incluso más complicado.

La depresión, la ansiedad y el TEPTC son efectos secundarios comunes cuando atraviesas abuso narcisista o emocional. Algunas de las tácticas de un agresor incluyen criticismo negativo, control, amenazas verbales o castigos, desprecio, luz de gas, juegos mentales, falta de confianza o lealtad, aislamiento, postergación. Las consecuencias de mantenerse en este tipo de relaciones pueden incluir una tensión tanto en el cuerpo como en la mente, donde la víctima es empujada a pensar que no es capaz de estar solo o 'sobrevivir' si su esposo/a narcisista.

Afortunadamente, existen cosas que podemos hacer para mejorar, recuperar nuestra confianza, dejar ir el miedo y aceptar el cambio. Las siguientes son sólo unas cuantas sugerencias para empezar.

1. **Toma tu tiempo** – El tiempo es poder, y el poder es lo que el narcisista tratará de quitarte. Es completamente normal sentirse amenazado o asustado una vez dejas la relación. Esto se debe a que, durante tu relación, tu pareja agresiva te

'permitió' irte cuando te lo indicaba, puede que fueses constantemente cuestionado o controlado, lo que creías no era suficiente suficientemente bueno y dejó de apoyar tus creencias. Ahora que has escapado de la relación, puede que mires constantemente por encima de tu hombro, o chequees tu teléfono, en caso que esté en las profundidades más oscuras de cada esquina de tu vida, como solía hacerlo.

La realidad acerca de tomar tu tiempo es que el agresor puede haberte hecho sentir perdido, confundido, solo y cuestionado por lo que deberías hacer o dónde deberías ir. Puede que estés acostumbrado a que te digan que hacer, así que buscas la aceptación de los demás antes de hacer algo. Tu vida es tuya para vivirla, no suya y, sin importar si estás en una relación o no, es tu decisión qué hacer, cómo hacerlo, con quién compartes tu tiempo y hacia dónde te lleva tu camino. Todas estas son cosas que el narcisista hace que te cuestiones y, si has permanecido más tiempo del que deberías cuando se ha acabado, podrías estar desconfiado del qué, dónde, quién y cómo. El autocuidado y sanar toma tiempo luego de una relación como esa, y necesitas tomar tu tiempo. No cuestiones el proceso, o cuánto tiempo te tomará hasta que puedas volver a confiar, solo empieza a sanar y la confianza llegará naturalmente a ti tan gradualmente como sea necesario. Aceptar esto es tu primer paso.

2. **Crea límites o revísalos** – Los límites te enseñan a ti y a los demás cómo respetarte. A través de los límites, puedes iniciar relaciones sanas, promover la confianza y te vuelves responsable o responsabilizas a otros por sus acciones. Lo que debes entender es que tus necesidades importan y la única persona que complacerá tus necesidades eres tú mismo. Una vez más, es tu vida y solo tú decides a quién quieres en ella y cómo quieres pasar tu vida con esas personas.

3. **Mantente informado** – La mejor solución no es empezar a investigar y a aprender tanto como puedas sobre el abuso y el narcisismo justo después de romper la relación. Sin embargo, cuando estés listo (cuando empieces a sentirte mejor), inicia aprendiendo sobre lo que atravesaste, no como una forma de venganza o con propósitos egoístas, sino como una guía acera de qué buscar. Cuando investigues, no te enfoques

tanto en el abuso, sino en cómo amarte y cuidarte, busca guías paso a paso sobre cómo mejorar y vivir mejor evadiendo dichas relaciones. Puedes contactar consejeros, coaches de vida, talleres, clases y grupos de apoyo.

4. **Recupera tu historia** – En una relación abusiva, el agresor forzará narrativas falsas sobre la víctima para justificar su comportamiento. Lo que hace que el agresor esté en lo correcto y la víctima en un lugar donde siente que no tiene voz sobre nada de lo que suceda en la relación. El narcisista a menudo hará contigo luz de gas de una forma que altere tu percepción o realidad acerca de cómo percibes el mundo y a ti mismo. Esto puede causar efectos perjudiciales en tu mente y en tu amor propio a largo plazo, ya que has sido engañado por alguien que amas.

Recuperar tu historia es deshacer las mentiras y manipulaciones del agresor al confiar en ti mismo. Lo que crees es lo único que importa o que debería importar. Así como este proceso puede ser complejo, es posible y puede ser realizado cuando has completado satisfactoriamente las etapas de sanación luego que la relación ha terminado.

Cómo Volver a Confiar en Otros y en Ti Mismo

Si estás en el proceso de dejar al narcisista, entonces podrías estarte sintiendo en parte paralizado debido a la devastación en este momento. La vida puede parecer tan oscura ahora mismo que realmente no saber por dónde empezar a recoger lo pedazos. Lo que debes recordar en este estado es ¿dónde estabas mentalmente cuando conociste al narcisista? Probablemente eras seguro o más seguro de lo que eres ahora, creías en la bondad de los demás, incluso pudiste haber sido un poco asertivo respecto a tus límites. Tenías esto en mente para que no cayeras en una relación abusiva. Ahora que la relación ha terminado, parte de lo que sientes puede que solo sea el hecho de no volver a creer nunca más en alguien otra vez debido a la traición y el daño que experimentaste. Si te permites quedarte en este oscuro lugar, sin abrir la mente a la posibilidad de que no todas las personas son así, entonces permanecerás antipático y te volverás iracundo.

La nueva pregunta es, ¿cómo aprender a confiar nuevamente? Aquí están los pasos.

1. Perdón

Debido al abuso y al trauma puede que te sientas terriblemente estúpido y te apalees constantemente por cómo permitiste que te sucediera todo eso, puede que tengas una imagen propia negativa por no haberte dado cuenta de las señales o por haber permanecido así por tanto tiempo. Sin embargo, esto puede lastimar tu ego y súper-ego más de lo que el narcisista te hizo vivir. El primer paso es sentir y admitir cada emoción a las que te sometas. Luego sé paciente contigo mismo, el tiempo sana la mayoría de las heridas, pero el perdón es el antídoto más eficaz. En lugar de ser tu propia peor pesadilla, conviértete en tu mejor amigo y realmente llega a conocerte al perdonarte por la tortura que sufriste. Cuidar de ti mismo a través del perdón y el amor propio es una de las mejores formas en las que puedes superar un momento tan difícil.

Cuando esos pensamientos negativos de auto-odio lleguen a tu mente, aprende a reconocerlos, permíteles fluir y, sin prejuicio alguno, déjalos pasar. Cuando parezca que no se van, reemplázalos con afirmaciones positivas y mantras como "Lo tengo." A su vez, el abuso nunca fue tu culpa. La razón por la que el abuso tomó lugar es que el narcisista es tan inseguro en su propia piel que atacó tus debilidades para hacerse sentir poderoso ante sí mismo. No hay nada malo contigo, así que perdónate por sentirte de esta forma también. Usa esta ruptura como una oportunidad de escuchar más a tu intuición y crecer más como la persona que se supone debes y quieres ser.

2. Escucha tu instinto (instintos intuitivos)

La intuición es cuando tu cuerpo te envía señales de advertencia cuando algo está mal o cuando debes ser cuidadoso antes de proceder. La intuición puede venir en forma de pensamientos acelerados justo antes que estás por hacer algo, una sensación que te pide correr o paralizarte o una vibra como escalofríos o pelos erizados en el cuello. Tal vez un estremecimiento a través de tu columna. ¿Has hecho alguna vez algo peligroso o has estado en la fila para la montaña rusa? Esa sensación conforme te vas acercando a la montaña; puede que tu cuerpo y tu mente te griten que no lo hagas. O tal vez tu primer beso o cita con alguien que acabas de conocer, justo esa sensación luego de que sus labios se tocan, o ese sentimiento al sentarte en una mesa y que del otro lado esté tu cita. Esa es tu intuición. En ocasiones tus instintos te gritan que continúes y, en otras, te dicen que no. Aprender a escuchar a la intuición requiere práctica y experiencias de vida conforme experimentas los altos y bajos. ¿Puedes recordar el minuto en el que conociste a tu última novia/o? La primera impresión es un juicio que hacemos, usualmente justo después que la intuición nos hable.

¿Hubo un tiempo en el que sabías exactamente lo que tus entrañas te decían, pero las contradecías de igual forma? En ese momento, ¿lo que temías que pasaría, pasó? Esta es otra forma de intuición. Así, cuando recuerdas todas las ocasiones en las que ignoraste tu instinto acerca de algo, aprendes a escuchar la próxima vez.

3. Desarrollar nueva confianza

Si tenías confianza antes de tu relación, entonces es probable que el narcisista te la haya quitado. La tarea más desalentadora en tu proceso de recuperación es desarrollar un nuevo sentido de confianza, diferente al que tenías previamente. Esto solo puede suceder si desarrollas tu autoestima y tu percepción sobre quién eres y quién quieres ser. Entonces, tal vez antes tampoco tenías tanta confianza, por lo cual es elemental empezar a desarrollarla desde ahora para que puedas sentir cómo mereces – valioso y apreciado por ti mismo. La buena noticia es que, siguiendo las dos últimas sugerencias, perdonarte y aprender a escuchar tu intuición, también desarrollarás autoconsciencia, la cual promueve la confianza. Tus objetivos, a través de estos tres pasos, llevan a tus niveles de consciencia a un lugar en el que puedes observar cómo te lastimó el narcisista y cuáles son las áreas en las que más necesitas trabajar. Lo cual te indicará tus fortalezas y debilidades y, en el proceso de trabajar a través de tus debilidades, con cada una que superas, tu nivel de confianza también aumentará.

Esta última etapa en el proceso de desarrollar confianza no puede ser completado totalmente a menos que observes las experiencias traumáticas que soportaste incluso antes de la relación narcisista. Podría provenir de la infancia, y aprender a romper y atravesar estas barreras te ayudarán a apreciar cuán fuerte eres realmente, lo cual desarrollará un nuevo nivel de confianza. Buscando sistemas de apoyo y equipos como grupos, clases, terapias, familia y amigos, aprenderás cómo desarrollar autorreflexión. La autorreflexión es crucial al aprender más sobre ti y cómo poder ver todas las cualidades preciosas de las cuales el narcisista te cegó. Toma el dolor que sientes y úsalo para aprender más de ti, y puede que te descubras cosas nuevas que jamás habías visto de ti. Al darle vida a esta completa nueva percepción de ti, encontrarás éxito y paz interior, lo que, usualmente, conduce a la felicidad.

Aprender a confiar nuevamente no es tarea fácil, pero con paciencia, amabilidad propia y la ayuda de los demás, es posible. Siguiendo los pasos dados, te darás cuenta que, con el tiempo, desarrollarás confianza en ti mismo. Cuando has aprendido exitosamente cómo buscar dentro de ti y confiar sin importar qué, entonces puedes empezar a depositar confianza en las nuevas personas que lleguen a tu vida. Esto se debe a que con la confianza que sientes en tu interior, puedes confiar que conoces mejor cuando depositas tu fe en alguien más. Esto sucede cuando estás perfectamente sincronizado con tu intuición. Cuando estás sincronizado con tu intuición, sólo seguirás tu instinto si tienes la confianza de creer que estás en lo correcto. Y con el perdón a tus errores, te abres paso con paciencia para superar cualquier problema que se interponga en tu camino, finalmente aprenderás el verdadero significado de confianza en ti mismo y en los demás.

Recuperarse Del Abuso Narcisista

CAPÍTULO 6

Estrategias Clave para Superar el Abuso Narcisista

Has llegado hasta aquí y podrías estarte preguntando, entonces, ¿cómo exactamente supero esta etapa de de devastación? ¿Cómo me siento mejor? ¿Cuáles son las cosas exactas que hacer para llegar al estado donde he crecido completamente? Puede haber tantas preguntas rondando tu cabeza en este punto. Uno de los primeros pasos que puedes dar es cortar todos los lazos, usa la regla de cero contacto – sin importar qué. Luego solo es cuestión de cuidado propio y hacer una rutina para toyourself, like ti, como ejercitarte, lo cual te ayudará inmensamente con el estrés y el dolor que sientes. Los actos de bondad van de la meno con los métodos de consciencia, como el cómo estar en el aquí y en el ahora siendo conscientes. Ser consciente de tus pensamientos, sentimientos y comportamiento puede realmente ayudarte a entender el comportamiento y los sentimientos de los demás y tiene muchos más beneficios. Luego, está la TLE, Técnica de Liberación Emocional, la cual te enseña métodos de relajación, técnicas de respiración, repetición de mantras y otras cosas beneficiosas que puedes hacer para hacerte sentir mejor en esos días realmente duros.

Tal como fue discutido en los capítulos anteriores, la terapia DRMO es excelente para ayudarte a superar y dejar en el pasado los sentimientos producto del abuso narcisista. Y, aunque todos esos son principalmente para ayudar a tu estado mental, también es bueno trabajar en tu estado físico, incluyendo lo que comes y hueles, abriendo cada uno de tus cinco sentidos. Un plan dietético, junto a la aromaterapia, puede realmente acelerar el proceso cuando se combinan con otros métodos mentales.

Cero Contacto

Quizás, la primera cosa más importante que hacer al atravesar una ruptura narcisista es cortar los lazos por complete. Esto significa absolutamente cero contacto – sin importar qué. Míralo como una orden de cero contacto, except que esta vez te la estás dando a ti mismo. Mantener cero contacto puede que duela al principio, pero si te apegas a ello, realmente puede enseñarte cosas como respeto y disciplina propias y te dará, por un tiempo, el espacio y el tiempo para ti que tanto necesitas. Conforme a traspasas las olas de la devastación, algunos días pueden ser más difíciles, por lo que lo mejor puede ser pensar en una frase segura cuando estés pasándola mal luchando contra las ganas de contactarle. Frases como "él solo continuará lastimándome si le hablo" o "¿Cuáles son los beneficios de hablarle? No me hará bien y estaré de vuelta en donde inicié." Estás tan débil en este momento que mantener cero contacto les dará a ambos el tiempo para aceptar que en realidad se ha acabado, para que así los dos puedan avanzar.

No hablarle podría parecer realmente difícil, o casi imposible, simplemente porque él o ella es todo lo que conoces, han vivido su vida juntos en el tiempo que fueron esposos, pareja o amigos, y ahora se siente extraño separados. Puede que no te pongas de acuerdo sobre lo que tienes que hacer para mejorar porque aún crees que las cosas podrían funcionar. El mantra que debes repetirte es "los narcisistas no cambian porque no pueden a menos que acepten que son narcisistas." Lo que no harán, ya que ni siquiera creen que haya un problema. Sin embargo, si mantener cero contacto no es una opción, hay otras cosas que puedes hacer para evitarle. Si ambos están criando, entonces precauciones de seguridad deben ser tomadas y si es un miembro de la familia, el cual continuarás viendo en eventos familiares, tienes que establecer límites serios.

¿Qué es Exactamente el Cero Contacto?

Existen algunas pautas definitivas respecto al cero contacto que deben ser acatadas a cualquier costo. Cuando te contacte, debido a sus métodos de hoovering, necesitas realmente usar habilidades aprendidas para ignorarlos a toda costa. Cuando sientas impulso por contactarle, sé consciente de quién se trata y distráete llamando a alguien más o hacienda otra cosa, y si esos métodos no funcionan, realiza un entrenamiento excelente para sacarte eso de la cabeza. Estas son las pautas:

- Bloquea su número y toda la comunicación en redes sociales.

- No respondas ningún mensaje o correo electrónico que recibas.

- No leas o respondas cartas o tarjetas. Controla el impulso.

- No abras la puerta cuando te visite inesperadamente

- Hazle saber a tu jefe que no estarás disponible en caso que te llame o aparezca en tu trabajo.

- No caigas en recursos externos, en caso que se comunique contigo a través de otras personas, preocúpate por mantener los estribos.

- Evitar personas que no apoyen tus decisiones y que no respeten tus límites sobre no hablar del narcisista.

Cómo el Cero Contacto Apoya y promueve tu Recuperación

Sanar es esencial y al seguir la regla de cero contacto, puedes finalmente ganar un sentido de paz (con el tiempo) con grandes beneficios a tu salud mental. Veamos cómo;

1. Aceptación

Las relaciones realmente pueden dar forma a tu vida sin importar si son sanas o no. Cada persona en tu vida se convierte en parte de las experiencias que atraviesas. Las experiencias nos hacen quienes fuimos, quienes somos hoy día y quienes seremos o queremos ser. Cada experiencia negativa que te sucede es una oportunidad para poner en práctica el positivismo y tu participación en el crecimiento personal. En las relaciones sanas, eres respetado y honrado sin juicio alguno.

Cuando te involucras con un narcisista sucede lo contrario. Éste te hace ser dependiente y toma tu fuerza para que te sientas atrapado y tengas que confiar en él. Esta es su intuición. Una vez que esto sucede y te ha aislado y llevado a un lugar de pura codependencia, sientes como si lo necesitas en tu vida. Sientes que, aunque el abuso es difícil, un día él cambiará si pasa esto o aquello. Él no lo hará, por lo que estás atrapado en un círculo vicioso viviendo una pesadilla. La aceptación es aceptar que la relación ha terminado y que puedes aprovechar esta oportunidad al no mantener contacto a fin de hacer lo correcto por ti mismo.

a. **Dejar ir toda esperanza** – El patrón del narcisista que permanece atascado en repetición es idolatrar, devaluar, para luego descartar. Sin sentir ningún tipo de empatía por ti o tu valía, el narcisista hará de este patrón un ciclo indefinido, dejándote sintiendo inútil. Éste te pone en un pedestal y te hace sentir absolutamente maravilloso, luego instantáneamente te arrastra y hace a un lado tus sentimientos mediante la culpa. Nunca hay una verdadera conversación entre cada discusión y nunca hay verdaderas razones que pueda darte para justificar su comportamiento. Esto jamás es tu culpa. Mientras sigas teniendo lo que necesita o poseas características de las que se pueda aprovechar, siempre tratará de recuperarte o regresar para seguir envenenándote aún más.

El proceso de dejar ir la esperanza por él es reconocer este patrón, y la realidad debería establecerse. Si todo esto parece demasiado familiar, entonces la esperanza se pierde debido al cambio o "que las cosas funcionen." Al aferrarte a este sentido de esperanza, estás procrastinando tu recuperación y, tristemente, es una falsa esperanza.

2. Adicción –

Con aceptación debes entender que no estás "enamorado" o "aguantando" por una razón. Sencillamente, eres adicto a las emociones que el narcisista te hace sentir. ¿Cuánto tiempo piensas cada día en el narcisista? ¿Cómo te sientes cuando te castiga por ello? Piensa en la ley del hielo, por ejemplo. ¿Sientes dolor cuando piensas en cuán opuesto es su trato, en comparación con el tuyo? ¿Sientes que estás loco? ¿o incluso físicamente enfermo?

Estos sentimientos han hecho que te sientas adicto a él. A esto se le llama vínculo traumático, el cual pone en práctica para mantenerte cerca. Para que sigas pensando en él. En la fase de idolatría, te mantiene 'en las nubes' en los altos de la relación mediante sus acciones, una vez sabe que todo está en orden y estás enganchado nuevamente, cambia a la fase de devaluación. La cual es la etapa de abuso mental en la que te dice que todo está mal contigo y puede prepararte para hacer lo que él quiere, para que cuando lo hagas, pueda devaluarte aún más. Luego, para evitar que escapes, aplican pequeñas dosis de amor entre cada tortura. Lo que te dispone para seguir adicto. Para recuperarte, **no contactar en lo** absoluto es lo mejor.

a. **Condicionamiento conductual** – Imploras la atención y validación del narcisista y, a pesar del abuso, sigues persiguiendo el siguiente pico que te brinde, debido a que se siente como si superara todo lo malo. Luego el narcisista, te da tu "golpe," recuperándote o causando que vuelvas una vez más mediante la primera etapa de idolatría. Esto es hecho deliberadamente para que cuando te llame, estés programado para contestar. Si no contestas, siente como si estuvieses en peligro o como si algo seriamente malo pudiese suceder. Así es como configura a su manera tus acciones de comportamiento, pensamiento y sentimiento. A esto también se le llama técnica de lavado de cerebro.

Al romper este ciclo a través del cero contacto, puedes reprogramar tu propia mente y recuperar el control y el poder de las manos de tu agresor.

3. Cuidado del corazón, mente y alma –

Los comportamientos son impulsados por lo que piensas y cómo te sientes o gestionas tus emociones. El abuso narcisista representa disonancia cognitiva y negación. La disonancia cognitiva significa que tienes creencias conflictivas respecto a lo que creías originalmente. Lo que resulta en confusión, angustia e intenciones de escapar, eres empujado a arreglar las contradicciones que sientes. Por ello es que la confianza es necesaria, para que no cuestiones tus creencias y confíes que no puedes ser contrariado por un narcisista. La confusión causada por que todo en lo que creías ahora es todo lo que no estás seguro que deberías creer causa que vivas en modo de supervivencia. En el cual puedes sentir depresión, ansiedad, pánico, inquieto, desconfiado, paranoico, asustado aislado socialmente, obsesionado o experimentar pensamientos intrusivos, rabia, noches de terror, pesadillas y parálisis.

Sea lo que sea lo que sientes, no puedes iniciar tu proceso de sanación hasta que trabajes mediante el dolor y cada emoción que viene con él. Esto no puede suceder hasta que no haya más lazos entre tú y el narcisista. Desde el momento que pones en práctica el no contactar a tu narcisista, puedes empezar a adoptar la medida positiva de sanación que debes tomar para volver a estar sano. Sólo recuerda, cuando te afliges y quedas devastado, has iniciado la sanación. Puede que no lo parezca, pero es mejor así.

Cómo Ejercitarte puede ayudarte a Sanar del Abuso Narcisista

Ejercitarse puede ayudar con múltiples trastornos, tales como depresión, ansiedad y trastornos del estado de ánimo, debido a que las endorfinas que recorren el cuerpo ayudan a sanarlo, al igual que la mente y el alma. Ejercitarse puede también ayudar a sanar del abuso. El abuso crónico o narcisista contrae el lóbulo prefrontal (área frontal del cerebro) y el lóbulo medial temporal (área central profunda del cerebro). La ansiedad es el resultado del estrés a largo plazo, lo que conlleva problemas con la planificación, la toma de decisiones y la socialización. Cuando somos sometidos al abuso narcisista o al bullying por un largo período de tiempo, nuestro cerebro cambia, lo que no es tu culpa, ni está bajo tu control. El cerebro hace esto para establecer mecanismos de defensa naturales e instintivos contra el abuso. Cuando nos ejercitamos, incrementa el grosor de nuestro cerebro, lo cual es esencial para sanarlo.

Sin embargo, cada ejercicio tiene su propio efecto en el cerebro, y debes entender cuál ejercicio hacer para una adecuada estructura cerebral y sanación. Tiene que ser cierto ejercicio diseñado especialmente para sanar el cerebro. Sigue los siguientes pasos pasa empezar a sanar tu cerebro con estos ejercicios específicos.

Paso Uno – Elige un ejercicio de la lista

- Caminar a paso ligero, trotar o correr.

- Subir escaleras o marchar

- Montar bicicleta

- Entrenamiento en bicicleta elíptica.

La razón por la que estos ejercicios son estrictamente implementados para el desarrollo del cerebro es que son simples y repetitivos. Todos usan patrones, por los cual, de manera que tu cerebro crezca y sane, es esencial tener medidas predecibles a tomar. Esto se debe a que, con el abuso emocional ocurrido, tu vida ha sido esporádica e impredecible. Los ejercicios de alto estrés (cualquier cosa que ejerza estrés en tu cuerpo), en realidad, producen químicos de cortisol a liberar y pueden causar más ansiedad en este estado tan vulnerable.

Paso Dos - Empezar

Básicamente, debes tener la intención o dominar el impulso de sentarte y empezar a hacer el ejercicio que elegiste. Si te sientes incómodo y quieres detenerte, lucha con el impulse también. El ejercicio puede ser incómodo, ya que, en los primeros dos minutos de ejercicio, tu cuerpo se acostumbra a ello, lo que significa que podrías experimentar una subida en el ritmo cardiaco y una aceleración en tu respiración. Esto es una señal positive, debido a que significa que tu cerebro se está acostumbrando a la idea del patrón y el ejercicio predecible.

Prométete a ti mismo que harás esto todos los días for media hora o más. Pasados diez minutos de tu entrenamiento, los químicos de 'bienestar' te sacudirán y tu ejercicio se volverá más fácil. Luego de diez minutos, con la subida de endorfinas, el lóbulo prefrontal (responsable del manejo del estrés) se relaja, lo que crea un ambiente controlado, el cual tu cerebro ha estado implorando. Luego necesitas quedarte en esta 'zona' por veinte minutos o más para obtener los mejores resultados. Cuando practicas estos ejercicios cada día, creas una rutina, lo que también es esencial para que el cerebro sane del abuso que sobrepasaste.

Si no puedes hacerlo por veinte minutos a la primera, no te sientes o relajes, baja el ritmo o, simplemente, toma un descanso (donde te pares en un solo lugar), mientras te centras en tu respiración. Ve a tu propio ritmo, pero mantenlo estable y haz desafíos en el camino. El objetivo del ejercicio es sentir luego una sensación de euforia, ya que tu cerebro está recibiendo más oxígeno y flujo de sangre. Este es un efecto a corto plazo que puedes sentir de inmediato.

No obstante, para llevar a cabo un ejercicio de sanación a largo plazo con mayores resultados y mejor liberación de endorfinas, necesitarás practicar este ejercicio por treinta minutos de tres a cuatro semanas, cerca de cinco veces cada semana. El cerebro requiere compromiso constante y no sanará como lo necesitas posterior al abuso si no te comprometes con ello.

Actos de Bondad

Los actos de bondad hacen referencia a que hagas cosas por las demás personas sin esperar nada a cambio. La bondad es contagiosa en el aspecto que las personas que son testigos de actos de bondad se inspiran y motivan a querer hacer lo mismo. Esto hará que las probabilidades de 'pagarle al prójimo' se incrementen a un nivel más alto. Luego, cuando hagas algo amable por alguien más, también te sentirás bien, ya que causa una emoción de bienestar que proviene directamente de la base de tu cerebro. Cuando haces cosas amables por otras personas en frente de un grupo de gente, causas de inmediato un efecto domino, ya que se sentirán inspirados a hacer lo mismo.

Aquí hay una lista de los enormes beneficios a los que los actos de bondad están asociados:

* **Incrementa la hormona del 'amor'** – Presenciar actos de bondad produce la hormona oxitocina (la cual sientes luego o durante el acto sexual) Esta hormona reduce la presión arterial y mejora la

salud cardiaca. La oxitocina, a su vez, aumenta nuestra autoestima y niveles de confianza,

- **Incrementa la energía** – En el *"El Centro de la Ciencia de la Felicidad,"* realizaron un estudio donde se observó a los participantes que ayudaron a otros o actuaron generosamente hacia otros. Los participantes informaron sentirte más Fuertes, calmados y menos deprimidos. Esto también incrementa los sentimientos de autoestima.

- **Aumento de la expectativa de vida** – El trabajo voluntario como resultado de ayudar personas sin cobro alguno tiende a disminuir dolores y molestias. Después de seleccionar los factores que contribuyen a la salud, como el ejercicio, el género, los hábitos, el estado civil, etc. las personas de 55 años o más que se ofrecieron como voluntarios, tuvieron un aumento del 44% en su expectativa de vida. Lo cual es más efectivo que el efecto de ejercitarse diariamente y comer sano durante toda tu vida.

- **Incrementa el placer** – Una investigación reciente llevada a cabo en la *'Univeridad de Emory,'* indicó que cuando ayudas a alguien, los centros de recompensa de tu cerebro se iluminan, dejándote con lo que se le llama la 'emoción del colaborador'

- **Aumento en los niveles de serotonina** – La serotonina es un químico en tu cerebro necesario para promover sentimientos de felicidad balanceada. Niveles bajos de serotonina son una de las razones por las que las personas sufren de ansiedad o depresión. La bondad estimula o activa este químico y te calma, sana y te hace feliz.

- **Reduce el dolor** - Las endorfinas son el analgésico natural del cerebro. Cuando ayudas a otros o 'pagas al prójimo', produces más endorfinas u obtienes subidas de endorfinas. También, las subidas de endorfina provienen de ejercitarse.

- **Reducción de estrés** – Es sabido que los actos de bondad o las personas generosas tienen 23% cortisol recorriendo su cuerpo. El cortisol es una hormona del estrés y, cuando no es producida suficientemente, eres una persona más feliz.

- **Disminución de sentimientos de ansiedad** – Personas con ansiedad ayudaron a otros por seis días a la semana. Después de un mes, sus ánimos aumentaron, hubo un incremento en su satisfacción respecto a su relación y una reducción en el aislamiento social.

- **Reducción en la presión arterial** – De acuerdo al Dr. David R Hamilton, los actos de bondad crean calor emocional, lo que libera la hormona oxitocina. La oxitocina libera el químico llamado óxido nítrico, el cual dilata los vasos sanguíneos. La dilatación de los vasos sanguíneos reduce la presión arterial, por lo que es lógico que ahora veamos a la oxitocina como una hormona "cardioprotectora".

¿Qué es TLE?

TLE hace referencia a Técnicas de Liberación Emocional. La TLE es usada para ayudar a sanar y recuperarse del abuso narcisista. Esta técnica no necesita ser guiada por un terapeuta profesional y puede ser hecha completamente por ti mismo, donde sea y cuando sea lo necesites. La TLE fue creada por Gary Craig, quien fue un ingeniero entrenado de Stanford que estudió múltiples técnicas de acupresión utilizadas para la sanación. El problema era que la acupresión que los terapeutas usaban eran complicadas combinaciones de puntos de acupuntura. Por lo que, Craig desarrolló una sencilla fórmula llamada 'acupuntura emocional' en los principales puntos de acupresión/puntura mientras se concentra en el problema. Usar el sistema creado por Craig, ha sido considerado efectivo para problemas como ansiedad, depresión, abuso, fobias e, incluso, TEPT o enfermedades físicas.

Cinco Formas en las que la TLE Ayuda a la Recuperación del Abuso Narcisista

1. **La TLE ayuda a reducir el estrés, la depresión y la ansiedad** – En la Medicina Tradicional China (MTC), los sentimientos y emociones negativas, tales como la depresión y la ansiedad, son el resultado de energía bloqueada llamados canales 'meridionales'. La acupuntura emocional en la TLE crea y regula nueva energía (chi) y elimina los bloqueos emocionales.

2. **La TLE ayuda a reducir los niveles de cortisol (una hormona del estrés)** – Luego que hagas fluir el chi debido a la técnica de acupuntura emocional de Craig, la nueva energía puede reducir el cortisol. Debido a que el cortisol pone peso en la barriga y en el intestino, también puede ayudarte a perder peso, si no estás produciendo demasiado.

3. **La TLE ayuda a reducir los síntomas de TEPT** – Los ataques de pánico, las pesadillas y las fobias responden positivamente al tratamiento de TLE. Sin embargo, no confíes solo en la TLE para reducir estos síntomas, ya que requiere terapia y métodos de terapia de exposición para ayudar a enfrentarlos. En casos severos de TEPT, considera buscar un practicante de TLE.

4. **La TLE ayuda al dolor físico asociado con el abuso narcisista.** – Estudios han probado que la TLE ayuda extraordinariamente con el dolor físico.

5. **La TLE ayuda a sanar heridas o traumas de la infancia.** – Los narcisistas buscan personas que tengan heridas o traumas de la infancia, para así aprovecharse de esos síntomas y empeorar las cosas. Hacen esto porque las personas que tienen traumas de la infancia son víctimas fáciles para Tips on Using EFT to Hea obligarlas a hacer lo que se quiere. La TLE puede formar la autoestima y, al formarla, tus viejas heridas se recuperan y mejoran gradualmente.

Necesitarás numerosas sesiones de TLE para sanar del abuso narcisista. Estas son capas para la TLE, las cuales son llamadas "aspectos." La TLE puede sanar instantáneamente algunos problemas exhaustivos y más profundos, tal como fue mostrado previamente. Tendrás que someterte a los "aspectos" de la TLE para complete o casi completamente sanar el abuso narcisista. Luego de aplicar acupuntura emocional a un aspecto o capa usando la TLE, si no la encuentras útil, intenta con una capa o aspecto diferente hasta que se ajuste correctamente. Por ejemplo, si aplicaste acupuntura emocional al miedo debido a un accidente automovilístico y solo ayudó ligeramente, podrías centrarte en algo más específico como sentirte atrapado. De esta forma, alcanzarás un gran avance en tu verdadera sanación implementando la TLE.

¿Qué son las Técnicas de Relajación?

Las técnicas de relajación son una clase de mindfulness para traerte de vuelta al momento presente. Se practica con el propósito de entrenar tu mente a enfocarse en lo que es el aquí y el ahora, en lugar de enforcarse y preocuparse debido al pasado o el futuro. En tu caso, preocuparte por el trauma del pasado o el futuro sobre lo que el narcisista hará, ahora que se ha acabado. La relajación es usualmente enseñada por un terapeuta y puede ser usada para hacer frente a o manejar la ansiedad, la depresión, los ataques de pánico, el TEPT o TEPT-C, además de otros trastornos.

Quienes sufren de ansiedad o las personas que sufren trastornos del estado de ánimo, usualmente se encuentran a sí mismos acostados sin poder dormir debido a pensamientos excesivos e incontrolables. Estos pensamientos se preocupan por cualquier cosa que has o deberías haber hecho en el pasado. También, se preocupan debido a lo que pasará en el futuro. Aquí es donde intervienen las técnicas de relajación. Para traerte de vuelta al presente. La mayoría de las técnicas de relajación se enfocan en tus cinco sentidos, tacto, olfato, oído, vista y gusto. Sin embargo, no existen métodos correctos o incorrectos para el uso de las estrategias de relajación. Las siguientes técnicas de relajación son las más beneficiosas para recuperarse de la ansiedad y el trauma del abuso narcisista.

1. **Concéntrate en tu respiración** – Estás, intencionalmente y sin cambiar tu respiración, enfocándote solamente en tu respiración. Cuando te sientes ansioso o abrumado, tu respiración puede ser corta y superficial, causando que te hiperventiles. Puede que incluso no lo notes, por

lo que, cuando traigas tu atención a tu respiración, céntrate en su ritmo. Si es corta y superficial, gradualmente vuélvela normal nuevamente. Como la respiración en el mindfulness, el objetivo de relajarte cuando estás en estado frenético es tomar aire, contar hasta diez, sostenerlo por un par de segundos y luego soltarlo. Al principio puede hacerte sentir mareado, pero encuentra un punto en el que te enfoques en tu respiración y tus patrones de respiración. Esto te centrará y te traerá de vuelta al momento presente.

2. **Sostén algo físicamente.** – Toma algo, tal vez un animal de peluche, una taza, una roca o algo que puedas ver, sentir y con lo que usar tus sentidos. Mira el objeto como si lo vieses por primera vez. Por ejemplo, imagina que eres un hombre de las cavernas sosteniendo por primera vez un borrador. ¿Cómo huele, se siente, sabe, hace algún sonido? ¿Qué hace? ¿De qué color es? ¿Cómo luce?

Piensa acerca de este objeto, ¿de dónde proviene? ¿Cómo fue hecho? Estando por complete en este momento con el borrador, solo enfócate en el objeto que sostienes.

3. **Repite un mantra** – Piensa en una palabra o frase relajante y repítela en tu cabeza hasta que te sientas más calmado. Puede ser tan simple como "tostado" o "tibio." Puede ser tan intrincado como "Estoy bien, esta es una falsa alarma," cuando estés teniendo un ataque de pánico. O puede ser tan motivador como "Lo tengo, soy fuerte." Cualquiera sea el mantra que elijas, asegúrate que sea o motivador, simple o que te haga sentir bien.

4. **El ejercicio 5,4,3,2,1** – Este ejercicio te trae al momento presente al ayudarte a enfocarte en tus alrededores. Éste te saca de tu cabeza de vuelta a lo que sucede ahora y a tu alrededor. Lo mejor acerca de este ejercicio es que puedes hacerlo en cualquier lugar a cualquier hora y escribirlo o simplemente hacerlo. El ejercicio incluye:

   a. **Cinco** cosas que puedes ver

   b. **Cuatro** cosas que puedes sentir

   c. **Tres** cosas que puedes oir

   d. **Dos** cosas que puedes oler

   e. **Una** buena cosa sobre ti

5. **Levántate y haz algo físico** - Entonces, imagina que estás en una burbuja que te rodea. Cualquier cosa que te moleste fuera de la burbuja, podría hacerte querer cambiar el escenario. Cuando te sientas nervioso o enojado, cambiar tus alrededores podría ser lo mejor hasta que te sientas mejor. Puedes ir al baño y lavar tus manos. Mientras te concentras en la textura o la manera en la que se siente en tu piel. Puedes esparcir loción en tus manos, continuando hasta que ya no haya más, contando cuánto tiempo toma en desvanecerse.

Haz una taza de té y concéntrate en el calor de la taza y el sabor de tu té. Podrías hacer absolutamente cualquier cosa y concentrarte en absolutamente todo lo que haces.

Mientras más técnicas de relajación pongas en práctica, más fácil será seguir permaneciendo en el momento mientras haces cosas. Si lo haces todo el tiempo, vendrá a ti como una segunda forma de ser y podrías incluso notar que estás presente completamente en todo lo que haces. Los métodos de relajación son estrictamente para aquellos días en los que pasas por un momento difícil con flashbacks, pensamientos obsesivos sobre tu ex o lo que podría suceder. Cuando el qué, el por qué y el cómo saquen lo mejor de ti, piensa en una técnica de relajación y ponla en práctica.

¿Qué es la Terapia DRMO?

DRMO (Desensibilización y reprocesamiento por movimientos oculares) es un tipo de terapia usada en la recuperación del TEPT y TEPT-C. Reduce la angustia fisiológica acompañada de recuerdos o flashbacks traumáticos. Se trata que los participantes intencionalmente se concentren sus recuerdos, mientras al mismo tiempo concentran su atención fuera de ellos. Es una forma de controlar tus recuerdos, en lugar que ellos te controlen a ti. Por ejemplo, digamos que fuiste abusado cuando eras niño, tu terapeuta te pediría que cierres los ojos, vayas a una habitación en tu cabeza y reproduzcas el recuerdo. Mientras te pide que inhales profundamente, sin tú decir nada, te guiará sobre cómo controlar el recuerdo.

Algunas de las instrucciones que te diría son pausar el recuerdo, retroceder el recuerdo, cambiar el color del recuerdo, adelantarlo. Luego repetirlo.

Si se realiza satisfactoriamente, enseñas a tu cerebro que ya no estás ahí y que eres un adulto que ahora observa sus recuerdos desde el punto de vista de un tercero. Te pregunta cómo te sientes sobre el recuerdo para luego preguntar cómo te sientes ahora. Luego, gradualmente, te lleva a sentirte diferente respecto a tu recuerdo y percibirlo de forma diferente para que puedas obtener alivio del poder o control que tiene sobre ti.

Otro ejemplo podría ser tener tus ojos abiertos, pero concentrándote en la mano de tu terapeuta golpeando ligeramente, mientras que al mismo tiempo recuerda lo sucedido. DRMO ha sido estudiado a fondo2 y ha probado ser muy efectivo al lidiar o manejar una serie de eventos traumáticos. Funciona porque el movimiento rápido de los ojos permite que las redes neuronales del cerebro se abran, permitiendo el acceso de recuerdos. Estos recuerdos pueden ser repensados y reprocesador sobre cómo percibimos estos pensamientos mientras estamos en un ambiente seguro, opuesto a donde el evento traumático sucedió. Luego los recuerdos pasan a ser reemplazados por cómo te sientes respecto a ellos. En lugar de estar aterrado o lleno de pánico por ello, luego asociarías el recuerdo con pensamientos y sentimientos motivadores, poderosos y empoderados, debido a que recuperaste el control. Cuando esto sucede exitosamente, las pesadillas y los ataques de ansiedad asociados con los recuerdos son revertidos o no están presentes.

Cómo la Terapia de DRMO Puede Ayudar a Alguien que ha Experimentado Abuso

Alguien que ha experimentado abuso físico, emocional, mental, verbal o sexual podría tener muchos recuerdos negativos apegados a sus experiencias. Durante una sesión de DRMO, a la persona se le pide concentrarse en los detalles de su trauma y abuso mientras observa que el terapeuta hace algún tipo de movimiento por bastantes segundos o minutos. Mientras que esto sucede, el terapeuta podría generar o pedirte que te concentres en afirmaciones positivas o pensamientos sobre cómo el recuerdo o el trauma se siente.

El objetivo de la sesión es que los detalles del recuerdo se desvanezcan, que las experiencias se puedan sentir menos traumatizantes y que el impacto emocional pueda disminuir. Por ejemplo, el abusado podría ahora percibir al agresor como alguien ridículo provocado por el humor o la pena, en el que los recuerdos repentinamente no se sienten como un problema tan grande en el que pensar o por el cual alterarse.

Esto sucede porque el cerebro está abierto y desbloqueado a la experiencia, por lo que el participante ahora piensa diferente respecto a su experiencia del pasado. Esto nos enseña control.

¿Puede la Terapia DRMO Ser Útil para el Abuso Narcisista?

Los narcisistas implementan todo tipo de abuso para obtener lo que quieren, tal como fue discutido. Este es básicamente el significado que le da la mayoría de las personas a la palabra abuso cuando la oye. Sin embargo, el abuso narcisista es peligroso y la recuperación puede que no se complete en unas cuantas sesiones cortas de DRMO, ya que el daño hecho es peor que el daño producido por el abuso normal. Los narcisistas agregarán una capa de abuso encima de abuso "normal", ya que intencionalmente te engañan, lavan tu cerebro, repiten ciertos comportamientos para atraparte y mucho más. Juegan con la identidad elemental de las personas y les hacen creer todo menos lo que se supone deben pensar o creer.

Nunca puedes saber cuáles son las verdaderas intenciones de un narcisista, si dice la verdad o no, quién es realmente, cómo fue su pasado, en lo que piensa, básicamente te cuestionarás a ti mismo acerca de todo cuando se trate de quién es. Cuando le haces preguntas, podría parecer irritado o dejarte saber detalles mínimos. No solamente le miente a los demás y a ti, sino también a sí mismo. Los mismos métodos y tácticas usados en cultos, los usará un narcisista para lavarle el cerebro a sus parejas o víctimas.

La mayoría del tiempo esto sucede sin si quiera causar "recuerdos". Así mismo, cuando el agresor trata de explicar el error o pensar en el error cometido, no puede. Principalmente porque el narcisista toma provecho de las disonancias cognitivas que se desarrollan en ti, y lo hace usando refuerzo intermitente. Son las pequeñas cosas que hacen con el tiempo las que se acumulan y se convierten en lo que se siente traumático, pero cuando piensas en algo o tratas de pensar en una cosa, parece insignificante o muy pequeña. Así es como traiciona, te engaña y atrapa tu mente para que te quedes, ya que, en realidad, no han hecho nada malo – en su opinión.

DRMO ayuda al concentrarte, en lugar de los recuerdos, en los sentimientos atados al narcisista, y el terapeuta te guía a través de los eventos menores que han sucedido. Luego, te enseña cómo controlar o percibir los eventos o sentimientos de manera diferente. Puedes disminuir su devaluación mediante DRMO, lo que resulta en más confianza y una sensación más fuerte de autoestima.

¿Qué son las Afirmaciones Positivas?

Las afirmaciones positivas son frases o sentencias que desafían a los pensamientos negativos o inútiles. Básicamente, se te ocurre algo motivador, inspirador o algo que aumente tu autoestima y lo repites. Como un tipo de mantra. Estas afirmaciones pueden ser alentadoras, motivacionales o cualquier cosa positiva que impulse tu confianza y que promueva un cambio positivo en tu vida. Si quieres hacer un cambio a largo plazo sobre la forma en la que sientes y piensas, las afirmaciones positivas son lo que necesitas practicar diariamente. Aquí están algunos de los beneficios principales del diálogo interno positiva:

- Ha sido probado que la autoafirmación reduce el estrés.

- La autoafirmación ha sido usada en intervenciones que conducen al comportamiento físico.

- Nos puede hacer rechazar o que se hagan notar los mensajes nocivos para la salud, y responder con un cambio positivo, en lugar de permanecer en el ambiente negativo.

- Las afirmaciones han sido relacionadas a logros académicos mediante estudiantes que se sienten "excluidos".

Afirmaciones Positivas para Víctimas de Abuso Narcisista

La manera más segura de recuperarse del abuso mental y emociones que el narcisista ha destilado en ti es la autoafirmación positiva. Cuando hables amablemente y seas generoso contigo mismo todos los días, empezarás amarte a ti mismo por quien eres, lo que crea un efecto contrario a lo que el narcisista te ha hecho creer. Esto forma un estado mental fuerte con el cual te vuelves más resistente al dolor, la culpa y las imposiciones dolorosas recibidas a partir de este momento. Dite a ti mismo las siguientes afirmaciones a diario y volverás a ganar una sensación de empoderamiento y acelerarás tu proceso de recuperación.

1. **Estoy sanando gradualmente. Un día a la vez. Un paso a la vez.** – Recordarte a ti mismo que estás sanando, no solo reduce el dolor, sino que te recuerda que eres más fuerte de lo que piensas y que sanarás un día a la vez. Esto te da algo que esperar, para que un día no tengas que decir esto, sino reemplazarlo con algo más positivo.

2. **Me estoy centrando en mi futuro mientras dejo el pasado atrás** – Casi siempre, pensarás en los eventos del pasado acerca de lo que el narcisista te

hizo pensar y creer. Puede que te encuentres a ti mismo pensando sobre tu relación con él, lo bueno y lo malo. Al decirte esto a ti mismo, cuando te des cuenta de ese momento, podrías darte cuenta que esto te ayudará a permanecer en el camino y enfocarte en lo que está por venir.

3. **Soy amado y seré amado. Merezco amor, cuidado, afecto y respeto** – Cuando te des cuenta que te estás despreciando a ti mismo o cuestionando tu valor, repetir esta afirmación en tu mente debería traerte de vuelta a lo que sí mereces. Al poner en práctica cómo confiar y dejar ir el miedo cuando algo malo pase, esta afirmación hará maravillas por ti y tu recuperación.

4. **Estoy haciendo de mí una prioridad a través del cuidado personal** - Entonces, la mayoría de las víctimas de abuso narcisista ponen sus propias necesidades a un lado por ser lo mejor o para ayudar a su relación. Sin notar que el narcisista te ha engañado o atrapado en estos patrones, a veces puedes darte cuenta que estás poniendo tus pensamientos y creencias a un lado por alguien más, incluso ahora. Poner en práctica esta

afirmación te recordará que eres importante y que mereces ser primero.

5. **Me conozco y creo en mí mismo** – Hacer luz de gas, una técnica que el agresor hará que experimentes, puede hacer que te vuelvas inseguro de ti mismo y de la bondad en los demás. Es así como te vuelves dependiente de él y te quedas bajo su control. Al decirte a ti mismo que confías en ti, puedes avanzar creyendo que sí crees y te conoces lo suficiente para seguir tus instintos y vivir una vida libre de abuso.

6. **He creado límites estrictos a los que me voy a apegar** – Cuando te separas de un narcisista, éste, inevitablemente, tratará de recuperarte. Esta es la razón por la que es crucial mantener cero contacto y establecer límites. Al establecer límites y apegarse a ellos, puedes bloquear sus intentos de "ganarte" de nuevo. La mayoría del tiempo, la razón por la que un narcisista vuelve a tu vida es debido a que tus límites no son lo suficientemente fuertes para mantenerlo lejos. Esta afirmación te hará recordar que has establecido estos límites, haciendo que sea más fácil ignorar sus técnicas de hoovering.

7. **Tengo el apoyo de las personas más importantes en mi vida** – Muchas personas pasan un mal momento al pedirle ayuda a las personas, pero cuando te dices esto a ti mismo, éste será un recordatorio positivo que cuando lo necesites, tu sistema de apoyo estará allí. Echa un vistazo a todas las personas que conoces y contacta a los lazos más cercanos que tengas. Luego, pídeles el apoyo que tanto necesitas para superar este difícil momento de devastación.

¿Qué es la Aromaterapia?

La aromaterapia es un tratamiento de sanación que viene en forma de aceite, llamado "aceites esenciales." Los aceites son extraídos de plantas para promover la salud y el bienestar. Ha ganado más reconocimiento de la ciencia de la medicina y la sanación. La aromaterapia ha sido usada con propósitos de curación por miles de años, remontándose a las culturas ancestrales en China, India y Egipto, junto a muchos otros lugares. El extracto natural de las plantas puede calmar en bálsamos, resinas y aceites y son conocidos por tener beneficios positivos física y psicológicamente.

La siguiente lista es una lista de productos con los cuales la aromaterapia funciona a través de tu sentido del olfato o esparciendo los aceites en tu piel.

- Difusores

- Spritzers aromáticos

- Inhaladores

- Sales para el baño

- Aceites, cremas, lociones o aplicaciones tópicas corporales.

- Vapores faciales

- Compresas calientes y frías

- Máscaras de arcilla

Existen más de cien diferentes tipos de aceites y cada uno tiene beneficios específicos para problemas específicos.

Por ejemplo, estando enfermo, difundirías aceite de eucalipto, o estando ansioso, esparcirías o infundirías bergamota en tus poros.

Los beneficios de la aromaterapia son los siguientes:

- Manejo del dolor

- Aumento de sueño y calidad del sueño

- Reducción de estrés, irritación y ansiedad

- Dolor en las articulaciones

- Disminución de Dolores de cabeza y migrañas

- Ayuda a manejar el dolor del parto

- Lucha contra enfermedades y acelera la recuperación

- Ayuda a la digestión

- Mejora la inmunidad

La aromaterapia puede ayudar con la recuperación ante el abuso narcisista debido a que algunos aceites te hacen sentir más calmado y más a gusto con las complicaciones de la vida. Beneficia cómo manejas o lidias con tus emociones.

Los Aceites Esenciales Más Populares para Sanar

Tal como fue mencionado previamente, el abuso narcisista puede conllevar grandes efectos negativos en el cerebro. De manera que, liberes el trauma emocional del equipaje de tu relación anterior, debes estimular la amígdala para así sanar apropiadamente. Nuestro sentido del olfato en el único de los cinco sentidos que está conectado directamente al área del lóbulo frontal en nuestro cerebro. El lóbulo frontal controla nuestras emociones, lo que afecta inmensamente el sistema límbico. El Sistema límbico, como fue mencionado, es responsable de controlar tus emociones, tales como el miedo, furia, depresión y ansiedad.

La siguiente lista te proporciona información acerca de los aceites esenciales más importantes para sanar tu cerebro cuando ha sobrepasado tan traumática y abusiva relación narcisista.

1. Albahaca

Este aceite esencial es útil para enfrentar sentimientos de ansiedad, pánico e inquietud. Promueve la calma, provee fuerza y paz mental y corporal. También puede ser útil cuando se trata de adicciones. Lo cual es esencial para ayudarte a superas los pensamientos o comportamientos de autosaboteo que fueron aprendidos de tu relación narcisista.

2. Cedro

Cuando atraviesas un cambio o una crisis repentina, este aceite es para esos momentos cuando te vuelves abrumado o asustado de los ajustes bruscos en tu vida. Los eventos de cambio pueden dejarte sintiendo atrapado o aislado. El cedro te confiere el efecto de sentirte relajado y estable. El cedro podría hacerte sentir enfocado, feliz y esperanzado.

3. Lavanda

El aceite de lavanda es muy beneficioso en ayudar a manejar una serie de emociones. Está probado que ayuda con la ansiedad, la depresión, la irritabilidad, los ataques de pánico y en la reducción del estrés. La lavanda mejora las ondas beta dentro del cerebro, lo que ayuda a calmar tu mente y hacerte sentir más relajado.

4. Niño interior

Estos aceites liberan estrés de nuestros cuerpos mentales, emocionales y físicos. Este aceite ayuda con el TEPT, gestionando los sentimientos de abandonos, rechazo y negligencia. Un niño interior te trae paz, sentimiento de "enamoramiento," y aceptación propia, así como sentimientos de shock y duelo.

5. Bergamota

La bergamota es un antidepresivo natural. Cuando sentimos que no somos capaces de ser amados o que algo está extremadamente mal con nosotros, la bergamota es nuestro amigo cuando no podemos salir de nuestra cabeza. Es el aceite que nos hace liberar cosas acerca de nosotros. Podríamos sentir amor y aceptación propios mientras nos deshacemos del autojuicio y el autodesprecio. La bergamota libera sentimientos de miedo, culpa, ansias de aprobación, vergüenza y dolor emocional.

6. Incienso

Este aceite conlleva sentimientos de verdad. Invita al individuo a dejar ir la energía o vibras negativas y limpia el espíritu y el alma. Promueve sentimientos de paz e iluminación.

7. Hisopo

El hisopo permite la claridad y ayuda a conectarte contigo mismo, alentando el bienestar. El hisopo elimina de tu cuerpo la suciedad estresante y emociones, removiendo los sentimientos de culpa y miedo.

8. Melissa - Toronjil

El toronjil es un aceite esencial estimulante del sistema inmune usado en la agitación emocional y para combatir el estrés y los sentimientos de estar abrumado. Es útil para personas que se aíslan a sí mismas y se cierran o se retiran del mundo.

Mediante la recuperación a través de aceites esenciales, cero contacto, TLE, DRMO, afirmaciones positivas, ejercicio y técnicas de relajación, las cuales aprenderás al ser consciente, tu proceso de sanación tomará menos tiempo en comparación con no poner en prácticas estas estrategias. Los narcisistas envenenan tu mente, te hacen creer diferente respecto a tus propias creencias y nunca sienten que han hecho algo mal. Te lastiman haciendo luz de gas y se convierten en tu peor pesadilla incluso después que la relación termina debido al efecto que tienen en tu mente. Las estrategias en este capítulo te traen de vuelta al ruedo y te ayudan a ir en la dirección que necesitas. Te ayudará a identificar a futuros narcisistas y prepararte para relaciones más sanas y positivas en el futuro.

CAPÍTULO 7

Indicadores de tu Recuperación del Trauma y Abuso Narcisista

Con todo lo que hemos aprendido hasta ahora, así hayas comenzado o no tu recuperación del abuso, podrías estarte preguntando si has incluso dado pasos hacia adelante. A veces, puede sentirse como si has dado pasos hacia adelante, pero muchos hacia atrás. Con este estado de ánimo, puede sentirse motivado para luchar por el éxito y menos inspirado si no sientes diferencia alguna a cuando empezaste. La verdad es que, con cada paso hacia adelante, poniendo en práctica las tantas técnicas y si estrategias en este libro, estarás en el camino correcto, aún si no sientes que es así. Podrías cuestionar si has hecho algún progreso o no porque aún podrías pensar o preguntándote por tu agresor. Puede que pierdas los momentos que compartieron debido a las disonancias cognitivas que el narcisista te causó. Esto empañará tu visión y tomar más pasos hacia adelante podría parecer una tarea imposible.

Por lo que, la pregunta es, ¿cómo sabes en qué parte del proceso de recuperación estás? Presta atención a las siguientes señales, ya que son claros indicadores de tu recuperación.

1. **Te das cuenta y entiendes que el cuidado personal es una prioridad de todos los días –** Esta primera señal es que finalmente has llegado a la aceptación que cuando te pones en primer lugar, estás avanzando. El cuidado personal es, tal vez, el más importante al recuperarte de tu trauma o abuso pasado. El cuidado personal podría incluir cosas como decir no más seguido, tomar una siesta cuando te sientas abrumado o cansado, comer más sanamente, ejercitarse a diario, crear límites y tomar decisiones más sabias. Ya basta de

excusarte sobre por qué no puedes o encontrar razones por las que deberían volver a estar juntos. Más bien estás tan enfocado en ponerte a ti mismo primero que no sientes que tienes tiempo para el "drama" de nadie más.

2. **Haces todo lo que tienes que hacer para proteger tu bienestar físico y mental** – Notas la identidad de un narcisista y te das cuenta que sus sentimientos jamás fueron reales. Entiendes el dolor que experimentaste, o que aún sientes, y te has comprometido a no permitir que suceda de nuevo. No te permites reaccionar ante sus técnicas de hoovering y entiendes que, si continúas recorriendo este camino, las cosas mejorarán. Has llegado a un acuerdo con el hecho de no tolerar más o aceptar estar rodeado de influencias negativas o volver a la relación narcisista. Tienes una nueva sensación de paz y has establecido límites para continuar sintiéndote más feliz de lo que eras.

3. **No te importa lo que piense tu ex.** – Recuerda el momento en el que estabas sentado, luego de tu separación, y te preguntabas si él estaría pensando en ti, lo que hacía y cómo estaría viviendo su vida

sin ti. Tal vez lo extrañabas y te preguntabas si él también lo hacía. Ahora estás en un lugar donde no piensas o te preguntas esas cosas porque estás alcanzando tus propios sueños, deseos y ambiciones, etc. Ya no pasas más tiempo pensando en si aún se aferra a ti o lo que piensa, ya que no tienes el tiempo o la paciencia para hacerlo.

4. **Estás más enfocado en tu propia vida que lo que tu ex hace con la suya.** – Ya que sabes que si vuelves con tu ex sólo vivirás con el abuso repetitivo que experimentaste previamente, ya no te importa estar relacionado con él. Estás en un estado en el que has trabajado muy duro para llegar a donde estás y te das cuenta que lo más importante de lo que debes cuidar eres tú.

5. **Se te ocurren soluciones, en lugar de enfocarte en los problemas.** – Has llegado a la conclusión que tienes el poder y la fuerza para cambiar tus circunstancias. Has aceptado que el control y el poder están en tus manos y no en las suyas. Por cada acción, hay una reacción y es tu elección cómo decides reaccionar. Si reciben un correo electrónico de tu agresor, en lugar de sentir el

impulse de leerlo, sólo lo eliminas. Cuando recibes un mensaje, se te hace fácil ignorarlo. Cuando lo ves o te topas con él, no existen los sentimientos de "enamoramiento" que una vez sentiste.

6. **Percibes el abuso pasado como una oportunidad, en vez de un castigo que alguna vez tuviste.** – Sin importar si tu autoestima baja o tu comportamiento inseguro se remonta a tu infancia o no, ahora te das cuenta que atravesar la relación de un narcisista fue una oportunidad para superar estas debilidades. Ya no buscas la aprobación o apreciación de tu ex, ni de nadie más. Has llegado a un estado mentas donde eres lo suficientemente fuerte para alejarte de cualquier persona que te haga creer en contra de tus creencias y devalúe quien eres. Te has convertido oficialmente en tu propio mejor amigo, en lugar de tu peor enemigo, y ahora está clara la razón por la que experimentaste el abuso y te perdonas porque donde estás ahora es donde necesitas estar.

Gracias por leer mi libro...

No olvides dejar una crítica honesta...

Me gustaría ofrecerte este maravilloso recurso por el que mis clientes pagan. Es un artículo que escribí cuando recién empezaba mi trayecto.

Haz click en la imagen superior o navega al sitio web debajo para unirte a mi exclusiva lista de correos electrónicos. Luego de unirte, podrás recibir este increíble xii artículo sobre cómo reconocer una relación abusiva Si le preguntas a la mayor cantidad posible de personas lo que es una relación abusiva, lo más probable es que obtengas una descripción de abuso físico. Y sí, esa es ciertamente una relación abusiva. Sin embargo, el abuso llega de muchas maneras. El significado real de abuso es cuando alguien ejerce control sobre otra persona.

Averigua más sobre cómo reconocer una relación abusiva y aprende a cómo tomar el control de tu vida haciendo click al libro de arriba o dirigiéndote al siguiente link:

https://tinyurl.com/RecognizeAbusiveRelationship

CONCLUSIÓN

El abuso narcisista es, quizás, una de las relaciones más extremas y perjudiciales que podrías experimentar alguna vez debido al poder que impone sobre ti y, posteriormente, el trabajo que necesitas hacer para mejorar luego. La razón principal por la que las personas permanecen en una relación narcisista es que no quieren realizar el trabajo para sanarse a sí mismos. Pero, lo que no entienden es que al quedarse en la relación por más tiempo del que deberían, jamás tendrán la oportunidad de convertirse en un "yo" más fuerte y pacífico. La razón principal por la que fuiste una víctima es porque eres autoconsciente y porque te has cuestionando muchas cosas sobre ti mismo. Es muy importante trabajar en ti ahora mismo, durante una relación abusiva y por los siguientes años. Nunca dejes de trabajar en ti mismo, en convertirte en el individuo que estás destinado a ser.

Este libro es la guía clave para ayudarte a llegar donde siempre has estado. Así que, toma tu trauma y míralo como una oportunidad de hacer algo mejor por ti. Sé esa persona fuere y segura que siempre has querido ser. Haz el trabajo que tome obtener la realización que necesitas. Lucha contra el miedo al cambio y pregúntate lo más importante para avanzar. ¿Quiero vivir por siempre en una mala relación? ¿Cuál es el principal beneficio para mí al permitir que este comportamiento suceda? ¿Quién quiero ser? Todo lo que posiblemente imaginaste que podrías haber querido es la razón por la que estás en una relación narcisista. Es la razón por la que tomaste este libro y lo leíste hasta el final. Donde estás en tu vida ahora mismo es exactamente donde se supone debes estar. El siguiente paso es lo que elijas. ¿Qué tipo de cambio harás ahora por ti mismo? ¿Qué decisiones tomarás para un futuro más brillante?

Los siguientes pasos podrían parecer difíciles, pero la decisión es la más fácil que alguna vez tomarás. Debería ser sencillo. Quieres marcar una diferencia en tu vida.

Conclusión

Quieres ser un buen ejemplo para tus hijos. Quieres ser la mejor versión que puedas de ti mismo. Tienes una montaña que escalar, pero cuando llegues a la cima, será la batalla más valiosa en la que alguna vez hayas participado.

Entonces, ¿qué estas esperando para que la próxima cosa que hagas sea un paso hacia un futuro mejor?

Salud.

Referencias

A Conscious Rethink – 12 Signs You're Dealing With a
   Malignant Narcissist (2018, June 07) Retrieved from
   https://www.aconsciousrethink.com/7145/malignant-
   narcissist/

A Conscious Rethink – 7 Healing Affirmations For
   Victims of Narcissistic Abuse (2019, February 26)
   Retrieved from
   https://www.aconsciousrethink.com/3949/7-healing-
   affirmations-victims-narcissistic-abuse/

Amygdala – The Brain Made Simple (2019, May 25)
   Retrieved from
   http://brainmadesimple.com/amygdala.html

Caroline Strawson – The Top Three Mistakes That Stop People From Healing From A Narcissistic Relationship (2018, June 10). Retrieved from https://www.carolinestrawson.com/the-top-three-mistakes-that-stop-people-healing-from-a-narcissistic-relationship/

Everyday Feminism – 5 ways to Rebuild and Love Yourself After An Emotionally Abusive Relationship (2018, July 27) Retrieved from https://everydayfeminism.com/2018/09/love-yourself-emotionally-abusive-relationship/

Fairy Tale Shadows – How EMDR Therapy Can Help with Narcissistic Abuse (2019, May 10) Retrieved from https://fairytaleshadows.com/how-emdr-therapy-help-with-narcissistic-abuse/

Good Therapy.org Therapy Blog – Common Questions Asked by People Healing from Narcissistic Abuse (2018, December 03) Retrieved from https://www.goodtherapy.org/blog/common-questions-asked-by-people-healing-from-narcissistic-abuse-0507184

Hack Spirit – Neuroscience reveals the shocking impact narcissistic abuse has on the brain (2019, May 19) Retrieved from https://hackspirit.com/3859-2/

Health Direct – Causes of Narcissistic Personality Disorder (NPD) (2019, May 23) Retrieved from https://www.healthdirect.gov.au/causes-of-npd

Healthline – What is Aromatherapy and How does It Help Me (n.d.) Retrieved from https://www.healthline.com/health/what-is-aromatherapy#side-effects

HelpGuide.org – Narcissistic Personality Disorder (201, March 21) Retrieved from https://www.helpguide.org/articles/mental-disorders/narcissistic-personality-disorder.htm/

Kim Saeed: Narcissistic Abuse Recovery Program – 6 Steps to Emotional Healing after Narcissistic Abuse (2018, January 05) Retrieved from https://kimsaeed.com/2014/08/27/6-steps-to-emotional-healing-after-narcissistic-abuse-1-is-most-important/

Kim Saeed: Narcissistic Abuse Recovery Program – The Top 8 Essential Oils for Emotional Healing (2018, January 03) Retrieved from https://kimsaeed.com/2016/03/21/the-top-8-essential-oils-for-emotional-healing/

Loner Wolf – 8 Signs You're the Victim of an Abusive Hoovering Narcissist (2019, April 29) Retrieved from https://lonerwolf.com/hoovering/

Mayo Clinic – Narcissistic personality disorder (2017, November 18) Retrieved from https://www.mayoclinic.org/diseases-conditions/narcissistic-personality-disorder/symptoms-causes/syc-20366662

Medical News Today – Hippocampus: Function, size, and problems (2017, December 07) Retrieved from https://www.medicalnewstoday.com/articles/313295.php

Mindbodygreen – When Forgiveness Isn't a Good Idea: A psychologist explains. (2018, March 12) Retrieved from https://www.mindbodygreen.com/articles/why-you-shouldnt-forgive-a-narcissist

Mindcology – 8 Types of Narcissists – Including One to Stay Away From at all Costs (2018, October 24) Retrieved from https://mindcology.com/narcissist/8-types-narcissists-including-one-stay-away-costs/

Narc Wise – Grounding Techniques for Panic attacks when Recovering from Narcissistic Abuse (2019, April 08) Retrieved from https://narcwise.com/2019/04/08/grounding-techniques-panic-attacks-narcissistic-abuse/

Narc Wise – How No Contact Supports Narcissistic Abuse Recovery (2019, January 27) Retrieved from https://narcwise.com/2018/04/02/no-contact-recovery-narcissistic-abuse/

Referencias

Narcissism Recovery and Relationship Blog – 4 Key Stages of Healing After Narcissistic Abuse (2018, December 01) Retrieved from https://blog.melanietoniaevans.com/4-key-stages-of-healing-after-narcissistic-abuse/

Narcissism Recovery and Relationship Blog – Claiming Your Authentic Power After Narcissistic Abuse (2016, September 19) Retrieved from https://blog.melanietoniaevans.com/claiming-your-authentic-power-after-narcissistic-abuse/

One Love Foundation – 11 Reasons Why People in Abusive Relationships Can't Just Leave (2019, May 25) Retrieved from https://www.joinonelove.org/learn/why_leaving_abuse_is_hard/

Positive Psychology Program – Positive Daily Affirmations: Is There Science Behind It? (2019, March 05) Retrieved from https://positivepsychologyprogram.com/daily-affirmations/#science

Psych Central – 5 Emotional Freedom Technique Benefits in Narcissistic Abuse Recovery (2017, December 01) Retrieved from https://blogs.psychcentral.com/liberation/2017/12/5-emotional-freedom-technique-benefits-in-narcissistic-abuse-recovery/

Psychology Today – 3 Steps to Identifying a Narcissist (2019, May 23) Retrieved from https://www.psychologytoday.com/us/blog/5-types-people-who-can-ruin-your-life/201808/3-steps-identifying-narcissist

Psychology Today – 7 signs of a Covert Introvert Narcissist (2019, May 24) Retrieved from https://www.psychologytoday.com/us/blog/communication-success/201601/7-signs-covert-introvert-narcissist

Psychology Today – The Health Benefits of Tears (n.d.) Retrieved from https://www.psychologytoday.com/us/blog/emotional-freedom/201007/the-health-benefits-tears

Psychopath Free – Trust After Emotional Abuse (n.d.) Retrieved from https://www.psychopathfree.com/articles/trust-after-emotional-abuse.284/

Random Acts of Kindness – Make Kindness the Norm (n.d.) Retrieved from https://www.randomactsofkindness.org/the-science-of-kindness

Ravishly – 4 Stages Of Recovery From Narcissistic Abuse (2019, May 25) Retrieved from https://ravishly.com/4-stages-recovery-narcissistic-abuse

Referencias

The Compatibility Code – The Compatibility Code (n.d.)
Retrieved from
https://www.compatibilitycode.com/book-
resources/devastation/

The Minds Journal – 7 Signs You've Arrived as a
Survivor of Narcissistic Abuse (2018, September 07)
Retrieved from https://themindsjournal.com/7-signs-
youve-arrived-as-a-survivor-of-narcissistic-abuse/

Verywell Mind – Are You Dealing With a Malignant
Narcissist? (2018, November 08) Retrieved from
https://www.verywellmind.com/how-to-recognize-a-
narcissist-4164528

Wikipedia – Narcissistic Abuse (2019, May 13) Retrieved
from https://en.wikipedia.org/wiki/Narcissistic_abuse

World of Psychology – How to Use Exercise to Overcome
Abuse and Bullying and Heal you Brain (2018, July
08) Retrieved from
https://psychcentral.com/blog/how-to-use-exercise-to-
overcome-abuse-and-bullying-and-heal-your-brain/

YouTube – Getting Back in a Healthy Relationship After
Narcissistic Abuse Pointer. (2018, August 18)
Retrieved from:
https://www.youtube.com/watch?v=kKxujjGMmm0

YouTube – Narcissist, Abuse Recovery: How Long Will
It Take? (2017, March 30) retrieved from
https://www.youtube.com/watch?v=mMxMsk-U1to

YouTube – Overcoming Loneliness After Narcissistic Abuse (2017, April 14) Retrieved from https://www.youtube.com/watch?v=jiDNJeUHG9c

YouTube - Reclaim Your Personal Power After Narcissistic Abuse – Codependents and Empaths. (2015, September 08) Retrieved from https://www.youtube.com/watch?v=bqmydqU-lqY

YouTube – The 5 Most Common Narcissistic Abuse Recovery Mistakes (2018, July 11). Retrieved from https://www.youtube.com/watch?v=cAOIdOKcFy8

YouTube – Why Can't I Stop Thinking About the Narcissist? (2017, September 13) Retrieved from https://www.youtube.com/watch?v=zxIzdXJ-eWg

Lightning Source UK Ltd.
Milton Keynes UK
UKHW012110070223
416598UK00006B/1031